哲学评鉴

（第二辑）

证据、视角和模态

《哲学评鉴》编辑委员会 编

CHINESE PHILOSOPHICAL REVIEW VOL.2
Evidence, Perspective and Modality

上海社会科学院出版社

《哲学评鉴》编辑委员会

（按姓氏音序排列）

程　炜（北京大学）	任　远（中山大学）
樊　达（武汉大学）	施　璇（上海社会科学院）
方　卫（山西大学）	唐　浩（清华大学）
高　洁（浙江大学）	王　纬（复旦大学）
顾知巍（复旦大学）	魏犇群（中国人民大学）
何　繁（四川大学）	吴东颖（中国科学院哲学研究所）
何宝申（苏州大学）	尹　洁（复旦大学）
胡星铭（南京大学）	张明君（复旦大学）
赖长生（上海交通大学）	张文俊（华南师范大学）
李海超（南京大学）	张小星（云南大学）
李庭绵（澳门大学）	张子夏（上海交通大学）
梁亦斌（北京师范大学）	赵　斌（北京大学）
刘　玮（中国人民大学）	赵海丞（厦门大学）
刘晓飞（武汉大学）	郑伟平（厦门大学）
欧阳霄（北京大学）	周理乾（上海交通大学）

本辑执行主编：张明君
《论文》栏目责任编辑：刘晓飞　周理乾
《综述》栏目责任编辑：胡星铭
《批评与回应》栏目责任编辑：刘　玮
出版统筹：施　璇
编辑助理：范震亚

前　言

自 19 世纪末以来，中国在迈向现代化的大潮中，创立了新式大学与诸学科门类，哲学与相关学科也得以设立与发展。今日，中国已然成为世界哲学研究者汇聚之地，哲学从业者超五万人。然而，与庞大的从业人数不相匹配的是学术思想原创性不足，特别是缺少具有世界影响力的学术成果。一个繁荣、有创新力的学术共同体有赖于健康的学术生态，而健康的学术生态则有赖于公平、公正的学术发表机制。

我们认为，一个基于国际通行学术评审标准的学术发表平台，能够更好地促进中国哲学界树立严格的学术标准，促成单纯以学术质量评判论文的风气；一个以专业领域前沿学者为主体的编辑和审稿团队，能够更好地保障学术探讨的专业性，识别论文的原创价值，鼓励按照学术研究自身逻辑的创新。

秉持上述信念，《哲学评鉴》编辑委员会自 2020 年 4 月开始筹办这样一份集刊，并遵循如下原则：

第一，平等对待所有投稿作者。不论投稿作者是本科生、研究生、青年学者、资深教授，还是社会人士，也不论投稿是否有基金和项目支持，我们均同等对待，仅以投稿的学术质量作为判定标准。

第二，严格实行三盲评审制度。所谓"三盲"，是指在论文发表前，作者与责任编辑、作者与审稿人相互不知道对方身份。

第三，邀请专业学者评审稿件。所谓"专业学者"，是指论文所涉及的细分领域的专家，比如规范伦理学、生物学哲学、宋明理学，而非更宽泛意义上的伦理学、科学哲学和中国哲学。

第四，鼓励建设性的评审意见。我们建议审稿人多给论文提出有助于作者改进论文的具体意见或建议，而非仅仅指出论文的缺点和不足。

《哲学评鉴》以严格的三盲评审制度和高质量的评审意见收获了良好的学术声誉。在学界同行的鼓励之下，编委会以"认知、结构与规范"为主题，于2022年推出了《哲学评鉴》纸质版第一辑，在学界收获了积极的反响。在此基础上，编委会决定以"证据、视角和模态"为主题，继续推出《哲学评鉴》纸质版第二辑。本辑设立《论文》《综述》《批评与回应》三个栏目。

《论文》栏目从通过评审的论文中，按照主题与研究领域选录其中五篇。原创论文涉及科学证据、理由的视角主义、韩非子的人性观、动物信念和胡塞尔的时间客观性理论。

《综述》栏目邀请国内优秀学者就某个经典或前沿问题，介绍国内外研究现状。本辑收录了两篇综述，分别介绍了当代知识论研究中两个最新领域（认知宽容和模态知识论）的前沿问题。

《批评与回应》旨在对新近出版的学术专著进行严肃的、批评性的研讨，促进学术研究的良性发展。本辑的《批评与回应》栏目围绕复旦大学王纬的新著《推动者、第一因和必然性》展开，包含国内古希腊哲学领域四位学术新锐的评论以及作者对这些评论的回应。

《哲学评鉴》的日常运行与顺利出版仰赖编委会全体成员的大力支持以及学界同仁的鼎力相助,在此特别表示感谢!衷心期望大家继续支持《哲学评鉴》,共同推进我们热爱的哲学事业!

《哲学评鉴》编辑委员会

2023 年 8 月 5 日

目 录

论 文

解释的证据契合度
——回应最佳解释推理的劣中选优问题　　周从嘉　3

客观主义与视角主义之争
——对洛德的反驳　　赖国伟　24

韩非子视角下的人性　　高祎　42

戴维森反对动物信念　　李易知　64

胡塞尔现象学中的时间客观性问题　　郭世恒　91

综 述

认知宽容论综述　　叶茹　119

模态知识论：常见模态认知理论和它们的解释范围　　冯书怡　134

批评与回应

《物理学》第八卷和《形而上学》Λ 卷中的不动的推动者
——评《推动者、第一因和必然性》第一章　　刘珂舟　173

《论天》中"天"的推动者可能是其位置吗？
——评《推动者、第一因和必然性》第二章　　刘未沫　185

能动的推动者如何造成运动?
——评《推动者、第一因和必然性》第三章　　　苏　峻　196
不动的推动者与被推动者接触吗?
——评《推动者、第一因和必然性》第四章　　　郑中华　204
亚里士多德的推动者概念
——对评议人的回应　　　王　纬　217

投稿指南　　　230

论 文

解释的证据契合度

——回应最佳解释推理的劣中选优问题[1]

周从嘉[2]

摘　要：作为理解科学推理的竞争模型，最佳解释推理在受到欢迎的同时，面临一些描述和辩护的挑战。范·弗拉森提出的劣中选优问题（the bad lot objection）就是其中之一。这一问题指出，最佳解释推理很可能只是在劣中选优，因而，最佳解释推理是不可靠的；相信最佳解释最有可能导向真理，这一点也得不到辩护。通过分析辅助定理在产生和筛选假设中的作用，本文尝试发展一种衡量证据契合度的标准，论证这一标准可以为最佳解释推理提供有力辩护，特别是可以回应劣中选优问题。

关键词：最佳解释推理；劣中选优问题；证据契合度

最佳解释推理（inference to the best explanation，英文缩写为"IBE"）是指，在竞争假设中推断，为证据提供了最佳解释的

---

[1] 收稿：2021年6月15日；修回：2021年10月21日；录用：2022年1月6日。
[2] 周从嘉，复旦大学哲学系硕士研究生，主要研究科学哲学、知识论。电子邮箱：Cipher2020@163.com。

假设很可能就是真的。作为科学推理的主流模型，IBE面临若干质疑与批评。就辩护问题而言，争议集中在"解释的考虑是否导向真理"。要解决这一问题，根据利普顿的研究，至少需要对以下三点予以说明：（1）如何识别解释德性（explanatory virtues）；（2）解释德性与可能性之间如何关联；（3）解释德性是否能够在实际的推理活动中导向真理（Newton-Smith，2000：187）。

近年来，已有不少学者尝试为辩护问题的前两点提供解说：有的学者致力于刻画理论选择的标准，将解释德性的优劣形式化（Thagard，1978，2005，2006）；有的学者则尝试将缺省理由引入IBE，以补足筛选假设阶段中可能性的考虑（黄翔，2008）；也有学者以融贯度为指标，对比各个解释模型函数的表现，指出IBE在导向真理方面胜过其他模型（Glass，2012）。然而，对于第三点，似乎还没有一个明确的解决方案。范·弗拉森提出的劣中选优问题就针对这一点向IBE发难。该问题指出：除非真理已经被包含在竞争假设集合之中，否则，所谓"最佳解释"，很可能只是"矮子中的高个"（Fraassen，1989：143）。

按照利普顿的考察，IBE分为两个阶段，分别是产生竞争假设的阶段和筛选最佳解释的阶段（Lipton，2004：149）。在我们看来，研究辅助定理在这两个阶段中发挥的作用将有利于说明IBE的合理性，劣中选优问题对IBE的责难或许也能够得到弱化。此外，劣中选优问题断言，不应该相信IBE得出的结论。这一点在知识论中，涉及信念、融贯度以及统一证据的讨论，其中有颇为丰富的理论资源。援引相关成果，或许能够增益理解，更好地为IBE提供辩护。

通过对辅助定理应用的分析，本文将发展一种衡量解释的证据契合度的标准，为 IBE 提供辩护，并回应劣中选优问题[1]。文章的论证结构如下：第一部分，立足于文本，重构劣中选优问题的一般逻辑结构，进行简要分析，并提出另外两个更加精细化的版本；第二部分，分别考察 IBE 推理过程的两个环节，分析辅助定理在解释推理中的应用；第三部分，根据分析的成果，尝试给出解释的证据契合度的衡量标准；第四部分，论证最佳解释的可靠性以回应劣中选优问题。

一、劣中选优问题

在《定律与对称》中，范·弗拉森表明，IBE 的不合理之处，并不是相信解释力更高的命题，而是将"相信解释力更高的命题"当作规则，特别是认为理性驱使我们遵守这一规则；因为，解释力更高并不意味着更可能为真，而任何一个有理智的人追求的都应该是"相信更可能为真的命题"。在他看来，IBE 衡量解释力的手段并不可靠，由于"这一规则仅仅是在已知的历史解释中挑选出最佳解释……因此，挑选最佳解释的过程很有可能只是在劣中选优……要认为竞争假设集合 X 中的最佳解释更可能为真（而不是假），还需一个先验的信念，即真理很可能已经在 X 中"（Fraassen，1989：142–143）。

根据范·弗拉森，即使解释德性可以在竞争假设集合中挑选出最佳解释，也不能保证这个最佳解释能够导向真理。进一步，既然

---

[1] 需要说明的是，讨论主要针对常规科学中的最佳解释推理，并不涉及科学革命这样的特殊情况。

IBE 的结论并不可靠，那么相信"最佳解释最可能为真"也不受到辩护。基于原文，可将劣中选优问题简单重述如下：

（1）IBE 是可靠的，仅当竞争假设集合中包含真理；

（2）竞争假设集合中不一定包含真理；

所以，（3）IBE 不一定可靠。

此外，范·弗拉森讨论了 IBE 回应劣中选优问题的可能途径。他认为，正面回应劣中选优问题，需要为 IBE 补充先验条件，即论证真理就在考虑到的竞争假设集合之中。但是，他否认 IBE 能够采用这一策略：首先，IBE 并不提供原始背景信念方面的信息，所以，在解释集合中不一定包含真理；基于这一点，即使 IBE 确实能够推断出最佳的解释，我们也不会相信该解释为真。就好比在赛马场上，人们能够基于某种标准选择出最好的一匹马，但他们不会相信这匹马真能赢得比赛（Fraassen, 1989: 149）。其次，为应对 IBE 的辩护者可能采取的紧缩策略，范·弗拉森指出，IBE 的最佳解释甚至不是最佳的。利用经验等值命题（empirical equivalence），他断言，虽然 IBE 可以根据现有证据推断出一个最佳解释，但原则上总有一个和该解释同样好的未知解释，两者在经验上等值，而结构上则完全不同（Fraassen, 1989: 144）。除非添加一个前提条件，表明最佳解释具有唯一性，否则，即使假定在未来不会有更好的解释出现，该最佳解释仍是令人难以接受的（Ladyman et al., 1997: 309）。

范·弗拉森对 IBE 的批评可以总结为以下四点：（1）IBE 不一定为真；（2）IBE 不提供相关背景信念（相信真理就在竞争假设之中）；（3）解释德性也不能为该信念提供辩护；（4）IBE 不一定是最佳的。接下来，我将对这四个判断进行诊断。

首先，我们同意范·弗拉森所说的，IBE 不一定为真。根据利普顿对潜在最佳解释和实际最佳解释的区分，IBE 的最佳解释指的是潜在最佳解释，并非实际最佳解释（Lipton, 2004: 59）。作为非演绎性推理，最佳解释也确实不是必然为真。我们坚持的观点是，IBE 能够导向真理，而这一点不需要以"真理被包含在竞争解释中"为必要条件。进而，让 IBE 提供"真理就在竞争假设之中"的背景信念这一反驳策略，也无必要。

其次，不可否认的是，背景信念确实在 IBE 的推理中发挥着作用。一方面，对于任何一个理智正常的人来说，他的信念集合总是包含一些真信念，甚至绝大多数的信念都是真的（一些琐碎的真理）。另一方面，在进行推理解释时，如果想要解释得更好些，我们总会从背景信念中挑选一些更可能为真的信念作为辅助定理，并结合已知证据进行推理。特别是科学家在进行推理时，常常会引入一些科学定律作为辅助定理。关于这些辅助定理的作用会在下文进行讨论，基于此，我们还将试图提供一个衡量解释趋近真的判断标准。

再次，在信念的辩护问题上，范·弗拉森所举的例子不太恰当。在一场比赛中，影响结果的因素是不确定的（如下雨），这些不确定因素在评价中也不具备特别的重要性。相反，在科学解释的竞争中，哪一个解释为真并不会受不确定因素的影响，解释德性（如融贯度）在判定解释真假方面亦具有相当的重要性。范·弗拉森的批评或许可以这样理解：在一部分竞争解释中，仅仅挑选出最可能为真的解释是不充分的。因为解释集合中不包括真理，所以，IBE 的最佳解释在竞争理论中是最可能为真的（相对判断），也不等于该解释实际上为真的可能性（绝对判断）。

最后，范·弗拉森引入了经验等值命题。确实，如果总有一个同样好的未知解释，相信 IBE 的最佳解释是最可能为真的，似乎就不受到辩护了。这一点蕴含了不完全决定论证，即使 IBE 能够穷尽所有的竞争解释，不完全决定的问题依然存在。根据这个批评，可以重构出一个更强的劣中选优问题。

通过上述分析，可以构造出两个强弱不同的劣中选优问题。这两个版本针对不同的要害，因而，对 IBE 产生了不同程度的威胁。第一个版本针对 IBE 的相对性。根据 IBE 不穷尽竞争假设的特点，它质疑"相信最佳解释最可能为真"的合理性。基于上述理由，可以将劣中选优问题重述为：

（i）IBE 是可靠的，仅当科学家能够对解释为真的可能性做出绝对判断；

（ii）科学家能够对解释为真的可能性做出绝对判断，仅当穷尽所有竞争假设；

（iii）科学家不能穷尽竞争假设；

（iv）科学家不能够对解释为真的可能性做出绝对判断；

所以，（v）IBE 不是可靠的。

第二个版本涉及了不完全决定论证[1]。根据经验等值命题，即使穷尽了所有竞争假设，理论上，也总有两个同样好的解释。那么，IBE 推出的最佳解释为真的可能性将大打折扣，相信 IBE 的结论也会是不理性的。可以将第二个版本的逻辑结构写为：

---

[1] 关于不完全论证问题本身，仍有许多争议。反驳者们指出，不完全决定论证是一个逻辑问题，而非现实问题；还有的认为，这是一个伪命题，根源在于设定了过于狭隘的证据概念。参见 Newton-Smith，2000：533-534。

(a) IBE 是可靠的，仅当最佳解释是唯一的；

(b) 总是可以想象，有一个与最佳解释同样好的解释；

(c) 最佳解释不是唯一的；

所以，(d) IBE 不是可靠的。

相比之下，第一个版本会更接近劣中选优的内涵，也是本文主要想尝试回应的问题。回应第一个版本的成果，或许将有助于讨论第二个版本的问题。

在相对与绝对判断问题的讨论中，利普顿曾做过一些有益的工作。[1] 他认为，利用矛盾律，科学家可以做出绝对判断，但这一策略并未获得成功。[2] 不过，考察产生理论和筛选理论的两个环节，仍是回应劣中选优问题的一个起点。基于分析背景信念时受到的启发，我们认为，在这两个环节对辅助定理的应用进行考察，将会有所收获。

二、辅助定理的应用

辅助定理在数学证明中是一个常见概念，也被称作引理。它指的是在证明某命题的过程中，作为一个步骤被引入的真命题。需要注意的是，辅助定理的意义并不在于自证，而是通过引入辅助定

---

[1] 利普顿指出三种反驳思路：(1) 论证科学家有能力做出绝对的判断；(2) 科学家产生理论的方法能够提供好的理由，使得他们相信真理就在候选理论之中；(3) 说明 IBE 能够穷尽所有可能的解释。他认为第一种思路最有希望。参见 Lipton, 2004。

[2] 有学者指出，这种策略仍然难逃劣中选优的责难（Achinstein, 1992）；另一种批评认为，利普顿的这一策略无异于 J. S. 密尔（J. S. Mill）的求异法（Rappaport, 1996）。

理，整个推理可以得到一个更好的结论（沈以淡，2003）。

哈曼在1965年初次提出IBE时，就讨论过辅助定理在推理过程中的作用。哈曼认为，IBE与枚举归纳的区别在于，IBE会使用到特定的辅助定理，而枚举归纳无法体现这一点——这使得IBE是扩展性的，而非一种从过去的相关性到现在的相关性的推理。此外，在分析由推理得来的知识时，辅助定理扮演了重要的角色：在判定推理的知识时，不仅要求推理所基于的信念是受到辩护的、真的，而且使用到的辅助定理也必须为真（Harman，1965: 91-94）。根据哈曼的判断，辅助定理的应用使得IBE区别于枚举归纳——IBE可以是一个区别于历史解释的新解释。分析辅助定理在IBE中的作用，或许将有助于回应劣中选优问题。

在进入对两个环节的分析之前，还需说明辅助定理的范围。根据哈曼的看法，辅助定理的范围比较宽泛，从普遍的常识到私人的信念都可以涵盖在内。这与利普顿的背景信念相似。与哈曼和利普顿略有不同，我们认为，对主体S而言，命题P作为辅助定理，当且仅当，(1) S相信P；(2) P是可证伪的。

与哈曼不同的地方在于，我们不要求辅助定理必须为真。根据构造引理法，在面对一些复杂现象时，进行大胆的假设——引入还未被证明（但可证伪）的命题作为辅助定理，或许可以得到更好的解释。[1]这样一来，一方面，能够避免引入一些与解释目标相关度低的命题；另一方面，保障了IBE的扩展性。

---

[1] 这里的一个担忧是，辅助定理的数量似乎可以无限膨胀。辅助定理既可以是某个命题，也可以是一个理论，后者可以包含大量重复的经验命题，但这似乎并不会造成什么威胁。另外，通过考察辅助定理与问题的相关性，也能够排除在辅助定理中合取无关真命题的情况。

现在让我们看一看 IBE 的第一个环节，即产生假设的环节。在产生竞争假设的环节中，IBE 至少面临两点疑问：一是解释的考虑如何引导科学家产生假设；二是为何科学家产生的是"这些"竞争假设，换言之，为何有未被考虑的解释。对此，利普顿的判断是：（1）科学家根据背景信念罗列出一些可能的解释；（2）没有列出的解释，是因为科学家没有考虑到这些解释（Lipton, 2004: 148–151）。据此，我们无法知道这些解释之间除了内容外，是否还有结构上的差异。此外，未被考虑到的解释中，至少可以区分出两类：一种是与现有解释相容的解释，比如，由于背景信念的局限或缺乏证据，未能考虑到某个包容性更强的解释；另一种则是与现有解释不相容的解释，比如，一个颠覆性的理论，或是某个根本不值得考虑的解释。将这些情况进行区别和分析，对于回应劣中选优问题来说十分紧要；相比考虑到的解释，这些未考虑的解释并不更好。

凭借辅助定理，可以把产生假设的环节说得更清楚些。首先，科学家会选择某些辅助定理，与证据一起构成对某问题的解释。这种结构与 D-N 模型[1] 类似，差别在于，辅助定理不一定是定律，而选择何种辅助定理依赖于主体的信念。这里的信念既涉及主体的背景知识，也涉及解释的考虑。那么，进一步不难设想，竞争假设的产生有以下三种情况（为了叙述方便，这里以两个竞争理论 H1 与 H2 为例）：（1）H1 和 H2 应用了完全不同的辅助定理；（2）H1 和 H2 应用的辅助定理有交集；（3）H1 应用的辅助定理与 H2 的相

---

[1] D-N 模型（deductive-nomological model），是亨普尔用来刻画科学解释内在逻辑结构的模型之一，参见 Hempel, 1962。

同，但 H2 还用了别的辅助定理。

为便于理解，不妨将其中一个竞争解释设为过去已有的解释。第一种情况是指两个竞争假设完全没有使用过相同的辅助定理，这表明两者在最基础的、对已知证据的解释上就存在分歧。符合这种情况的解释与已知解释完全不相容，它或者是一种颠覆性、革命性的解释，或者是一种毫无解释力的解释。在第二种和第三种情况下，竞争解释都在一定程度上与已知解释有重合。

根据上面三种情况的划分，相应地，可以得出三种未被考虑到的解释。在第一种未被考虑到的解释中，可能包含了大量非理性的解释，这些解释大部分都是错的或缺乏解释力的。第三种情况则是未考虑到某种更具包容性的解释，或许是受限于现有的条件（如检测设备），但可以通过在现有解释的基础上进一步探究获得。剩下的则都属于第二种情况。

确实，这些可能的竞争假设，在数量上是无限的，但并不是所有情况都能对 IBE 产生威胁。IBE 产生了"这样一些"假设，是由于我们在推理过程中，总是选择与证据和问题具有更高相关性的辅助定理。这种在产生假设阶段的考虑，在筛选假设的阶段也发挥着作用；反过来，在某种程度上可以说，很大一部分未考虑的解释，其实在产生阶段的一开始就被筛掉了。IBE 并不承诺在非理性推理中的成效，因此，出现第一种未考虑的解释很正常。第三种未考虑的解释则更像是对已有解释的发展。在讨论竞争假设为真的可能性时，特别是未考虑的解释的可能性，或许，第二种情况有更多想象的空间。对此，如果在筛选假设的阶段，能够说明筛选最佳解释的标准与判断解释为真的可能性的标准一致，并且使用的指标与产生假设的阶段具有连续性，那就可以说，相比最佳解释，第二种未考虑的解释并不太可能是好的解释，或更可能为真的解释。

那么，在筛选假设的环节中，有以下两点有待阐明：(1)表明是什么使得一个解释比其他的解释更好；(2)表明我们能够对最佳解释为真的可能性做出绝对判断。正如利普顿所说，一个好的解释要求与其对照者相比"有差异"（Newton-Smith，2000：18）。从辅助定理在产生假说阶段的作用中可以看出，竞争解释在两个指标上会产生差异：一个是使用的辅助定理，另一个是使用辅助定理的数量。注意，对于不同的辅助定理，虽然无法确定其中的命题内容，但可以确定的是，这些辅助定理都需与证据契合。接下来，本文将表明，这两个差异可以帮助刻画筛选最佳解释的标准，我们将这一标准称为证据契合度。

三、证据契合度

不论哪一种解释德性，都大致可以归结为解释力的高低。这种对解释力的偏好，从认知上看，或是有助于增加知识，或是能够增益理解。在比较两个竞争假设时，若从辅助定理使用数量的差异来看，当引入的辅助定理越多，越能够给出一个翔实的、完整的解释，同时提供了更多证伪这一解释的途径。这样，筛选最佳解释时，我们会倾向使用了更多辅助定理的解释。

辅助定理之间的比较，可以考察辅助定理与证据的关系。辅助定理与证据的契合程度大致可以分为两个部分：一是单个辅助定理对总体证据的覆盖程度，二是辅助定理之间的融贯度。纵向来看，引入辅助定理正是为了提供一个更有力的对证据的解释，但在对总体证据的覆盖上，每个辅助定理之间仍会有程度差异。比如，有些特设的辅助定理只能覆盖一部分证据。横向来看，一个解释用到的辅助定理越多，就越容易被证伪，这时，每个辅助定理之间越融贯，对证据的统一程度就越高。对于某些高度概括性的命题，虽然能够覆盖很多证据，但也需要与其他解释中的其他辅助定理相协调，否则容易降低解释的整体融贯度。

进一步而言，这种对覆盖证据程度的考察，也可以间接地刻画解释的创新程度。辅助定理的数量越多越好，而伴随着辅助定理的增多，若这些辅助定理能够解释更多的现象，那么，一些原本不算在证据集合中的现象，将被作为支撑解释的新证据，即可以通过扩大证据集合来刻画解释的创新度。不妨举例说明。沿着佛罗里达海岸的浅水区域，常有颜色艳丽的珊瑚鱼穿梭其间，这些珊瑚鱼进化出如此艳丽的外衣是为了什么（what for）？康拉德·洛伦茨的解释是，通过识别颜色并进行斗争，种内成员形成有益的空间分布，各得所食——种内斗争具有物种保护的功能（康拉德·洛伦茨，2017：19–28）。此前，研究物种保护问题时，被视作证据的是猫的长爪，而非鱼的皮肤；康拉德·洛伦茨的解释扩大了物种保护问题的证据集合。

创新一直以来都被看作"好的科学解释"应有的特征，毕竟，相比于某些乏味、平庸的真理，富有新意的解释虽然有待验证，但对探索现象背后的机制、原因方面贡献了具有吸引力的思路。反过来，科学家不愿意采用那些不太创新的假说，这类假说要么引用的辅助定理比较少，对于现有证据而言，过去的假说能够进行直接的解释，因而不需要再做更多的说明；要么是增加一些特设的辅助定理，但不能够有效地扩大证据集合。

设若解释前的证据集合为 E，辅助定理 L1 新增了证据 E1，

E1/（E+E1）为 L1 解释的新增证据与总体证据之比，这时，P（L1, E1/E+E1）表示 L1 扩大证据集合的概率。相反，一个特设的辅助定理 L2 只能解释现有的一部分证据，其新增的证据集合 E2 为空集，那么，P（L2, E2/E+E2）的值为 0。当辅助定理新增的证据越多时，创新度越接近于 1；当新增的证据越少时，创新度越接近于 0。可用下面的公式刻画解释的创新度 C：

$$C(H) = [P(L_1, E_1/E+E_1) + \cdots + P(L_n, E_n/E+E_n)]$$

此外，解释的融贯度也是筛选解释的一个维度。一方面，由于辅助定理的引入，可能会在其他的领域得出理论结果，这时，解释还需要与这些其他领域的知识融贯。另一方面，解释可能会与某个辅助定理不融贯，这种不融贯可能是推理链条过于复杂而造成的。一个好的解释，特别是能够导向知识的解释，在理论整体的融贯这一方面要有好的表现；一旦某个假说暴露出不融贯的特征，除非进行修正，否则这一假说的优越性会大大降低。

辅助定理之间融贯度高的理论，每增加一个辅助定理，相比未增加辅助定理的解释而言，解释整体的融贯度更高。越好的解释，辅助定理整体统一证据的概率越贴近单个辅助定理统一证据的概率；相反，一个辅助定理的加入如果导致理论不融贯或整体融贯度降低，那么这个解释一定哪里"有问题"。对于总体证据集合 E′，辅助定理整体符合证据集合 E′ 的概率为 P（L1 + L2 + ⋯ + Ln, E′），P（L1, E′）表示单个辅助定理 L1 与其所对应的证据 E1 的概率[1]。由此，解释的融贯度 R 可以记作：

---

[1] 一般而言，辅助定理与其所对应的证据的符合概率为 1。

$$R(H) = P(L_1 + L_2 + \cdots + L_n, E') / P(L_1, E_1)$$
$$P(L_2, E_2) \cdots P(L_n, E_n)$$

我们将筛选最佳解释的标准称为解释的证据契合度。证据契合度通过考察辅助定理和证据之间的关系，衡量解释在创新度（扩大证据集合以增加证据对解释自身的支持）以及融贯度（增加的辅助定理之间是否融贯）两方面的表现。我们认为，在证据有限的情况下，通过辅助定理，提出一些有吸引力的新思路，尽可能地扩充证据集合，能够统一总体证据集合的解释，具有更高的证据契合度。

按照证据契合度，虽然科学家会选择不同的辅助定理进行解释，但每一个竞争假设在辅助定理与证据的契合表现方面都得到了客观的评价，科学家能够就这一标准达成共识。这种好坏的评价一直伴随着解释的考虑，或者，正是解释的考虑引导我们做出了这样的推理和筛选。通过证据契合度，我们希望表明，IBE 并不是简单地选出一个经验充分的解释。分析辅助定理的应用可以发现，最佳解释会在不同层面与证据相关。科学家认为某个解释是最佳解释，也不是一种纯粹主观的判断。他或许发现，该解释在许多方面都能说得通，又或者是该解释在某些方面的创新是成功的。解释的证据契合度能够捕捉这些对解释的评价。

四、回应劣中选优问题

现在，基于解释的证据契合度，IBE 足以回应劣中选优问题的第一个版本。我们的反驳针对前提（ii）：科学家能够对解释为真的可能性做出绝对判断，仅当穷尽所有竞争假设。我们认为，根据解释的证据契合度，做出绝对判断不需要穷尽所有解释；科学家做出的绝对判断，内容为"最佳潜力解释 H1 在竞争解释集合（H1，H2，…，Hn）中最有可能为真"。

证据契合度的衡量标准能够帮助我们对解释为真的可能性做出绝对判断，这是因为：其一，证据契合度所考察的辅助定理和证据之间的关系是客观的；其二，解释的融贯度表明了解释为真的可能性。在筛选最佳解释时，如果竞争解释的融贯度相同，创新度更高的解释为最佳解释。如果竞争解释的融贯度不同，根据融贯度的高低，科学家可以对解释为真的可能性做出绝对判断。此时，尽管竞争假设集合没有穷尽所有可能的解释，劣中选优问题中的担忧也是多余的。

劣中选优问题的一个要害是，担心 IBE 所谓"最佳解释"并不等于真的解释，那么，可能有一些未被考虑的解释会挫败最佳解释。根据前文对未考虑解释的分析，这种解释只可能是一个革命性的解释，但 IBE 并不是一个能够容纳非理性推理的模型。如果是一个包容性更强的解释，这个解释可以在现有最佳解释的基础上，通过增加辅助定理得到（其相应的融贯度也会更高）；这种情况不会对 IBE 产生威胁，只是表明最佳解释只是有待进一步完善。此外，在第二种情况下的竞争解释，不论是否被考虑到，只要说明最佳解释为真的可能性是绝对判断，IBE 就不会是劣中选优。对此，只需说明融贯度越高的解释越可能为真，就能反驳劣中选优问题。

在当代知识论的讨论中，特别是在说明融贯度导向真的方面，已有一些成果。例如，生源寺智二曾讨论过，增加信念后更加融贯的信念集合更可能为真，特别是只要信念集合中至少有一个真信念，该信念集合就是导向真理的（Shogenji, 1999）。在生源寺智二的讨论中，融贯度指的是每增加一个信念，整个信念集合的融贯度就会提升。对应到此处，对于一个融贯度高的解释，每增加一个辅助定理，整个解释的融贯度会提升。

为了便于说明，下面将借用克莱因和华菲德（Klein & Warfield）在1994年的讨论中所举的例子。试考虑以下四个信念：

B1：张三有杀人动机。

B2：有一些可靠的目击者看到张三实施了谋杀。

B3：有一位可靠的目击者看到案发当时，张三在距离现场两千米处。

B4：张三有一个双胞胎哥哥李四，有证人误将李四认成了张三。

在这四个信念中，信念集合（B1，B2，B3，B4）比（B1，B2，B3）更融贯。并且，只要信念集合中有一个信念为真，那么整个信念集合为真的可能性就会提高。类似地，在解释中，如果辅助定理之间融贯，相比少一个辅助定理的假说，拥有更多辅助定理的假说能够更好地为证据提供解释，那么，该解释也更可能为真。特别是如果整体的融贯度较高，尽管可能有某个单独的辅助定理是错误的，但整个解释大体上是导向真理的。比如，在哥白尼的日心说中，有行星运行轨道是正圆形这一错误的辅助定理，这会导致其与行星的排布的其他辅助定理不融贯——与整体观测数据不符，但这并不影响哥白尼的解释很可能是真的，并且，加入开普勒定理会使得日心说更融贯，也更可能为真。

对于融贯导真的一个疑问是，在这个融贯度极高的集合中，可能全部都是假命题。对此可以有两点回应：一是在证据契合度中，解释的融贯度涉及证据，除了彻底的怀疑论者，我们不会假设证据为假。二是IBE偏好使用辅助定理更多的解释，这些辅助定理，特别是科学家使用的辅助定理，不可能全假。那么，只要解释中使用的辅助定理不是全假的，对解释融贯度的衡量就可以表明解释为真的可能性；最佳解释是竞争假设集合中最可能为真的。

现在回看劣中选优的第二个版本，范·弗拉森对IBE的批判似乎更多指向不可观察的领域。因为仅停留在可观察的经验领域，很难找到两个证据契合度等值的解释。那么，进一步的挑战是，即使根据证据契合度的标准，也不排除这样的可能性，即有两个证据契合度等值的解释，它们使用的辅助定理假设了不同的不可观察物的存在，因而在结构上不同。站在辅助定理的层面，可以说，这种涉及不可观察物的假设无伤大雅。原因有两个：一是这种辅助定理并不会主导整个理论可能性的判断，反过来说，即使一个最佳解释包含了这样的辅助定理，也不代表这一个辅助定理很可能为真。解释的融贯度是就整体而言的，这种融贯导真的程度也是就整体而言的；若这一辅助定理有问题，解释是可以被修正的。二是即使两个解释都使用到了涉及不可观察物的辅助定理，也很难在证据契合度上完全没有差异。首先，辅助定理要求是可证伪的，不可观察物需要给出一个能够被检验的途径；其次，对解释融贯度的考察涉及辅助定理之间的融贯，不可观察物并不能独立。因此，这一解释要能够比其他不涉及不可观察物的解释在证据契合度上表现得更好，这并不容易。如燃素论，关于燃素的辅助定理与燃烧后物体的质量变重这一证据是不相容的，这一解释实际上很容易被挫败。

站在科学实在论的立场，这种不可观察物的辅助定理也不会是一个问题,甚至可以被看作 IBE 的一个优势[1];相反,反实在论者需要回答,一个引用了关于电子的辅助定理的解释,如果在证据契合度上表现得很好,有什么理由拒斥这一理论?采用一种善意的理解,或许,范·弗拉森担心,相信 IBE 最可能为真会阻碍进一步的探索。毕竟 IBE 并不保真,而科学应该追求可靠性。不过,IBE 并不会阻碍我们追求一个更可能为真的解释,IBE 只是对科学实践中的解释推理进行刻画。科学解释并不标榜自己是科学知识,但科学解释的目标确是知识。一个好的解释能够指导科学实践,正如一个受欢迎的理论会引导科学家基于该理论搜寻更多的经验证据。当证据越多时,证据契合度不仅帮助我们找出最佳解释,也找出了最有可能为真的解释。

五、结语

范·弗拉森对 IBE 的批评,有力地冲击了 IBE 的可靠性,劣中选优问题则是其中重要的反驳之一。我们认为,IBE 作为科学推理实践模型的候选之一,仍有为其辩护的价值;回应劣中选优问题,将为完善 IBE 提供一些思路。本文通过考察辅助定理在产生假设和筛选假设环节中的作用,发展出了衡量解释的证据契合度的标准。根据该标准,出于解释的考虑,不仅涵盖对解释的创新程度与融贯度这样的解释德性,也能够表明最佳解释为真的可能性,进而

---

[1] 若要对科学实在论进行辩护,可能还需要专门给出一个证据理论以进一步讨论,而这已经超出本文的论证负担。这里只是简单讨论不可观察的问题。本文已经表明,从劣中选优问题的第一个版本来看,"不可观察的"辅助定理并不直接威胁到 IBE。

说明科学家能够对最佳潜在解释最可能为真做出绝对判断。

致谢

感谢刘小涛教授对本文早期版本的指导;感谢在第四届"科学与哲学"青年学者工作坊中,王球副教授的评议和各位老师、同学的反馈;感谢《哲学评鉴》的两位匿名审稿人提出的修改意见。

参考文献

韩慧云、周程:《论最佳说明推理(IBE)的辩护问题——IBE 的似然性保证者:"if true"环节》,《科学技术哲学研究》2021 年第 1 期,第 58—64 页。

黄翔:《里普顿的最佳说明推理及其问题》,《自然辩证法研究》2008 年第 7 期,第 1—5 页。

贾向桐:《"最佳说明推理"成立吗?——范·弗拉森对"最佳说明推理"的解析与批判》,《兰州学刊》2016 年第 1 期,第 115—121 页。

康拉德·洛伦茨:《论攻击》,刘小涛、何朝安译,上海科技教育出版社 2017 年版。

沈以淡主编:《简明数学词典》,北京理工大学出版社 2003 年版。

张志林主编:《当代哲学经典·科学哲学卷》,北京师范大学出版社 2014 年版。

Achinstein, P. (1992). Inference to the best explanation: Or, who won the Mill-Whewell debate? *Stud. Hisr. Phil. Sci.*, 23 (2), 349–364.

Brössel, P., Eder, A. & Huber, F. (2013). Evidential support and instrumental rationality. *Philosophy and Phenomenological Research*, 87 (2), 279–300.

Fraassen, B. (1984). Belief and the will. *The Journal of Philosophy*, 81 (5), 235–256.

Fraassen, B. (1989). *Laws and Symmetry*. Clarendon Press.

Glass, D. (2007). Coherence measures and inference to the best explanation. *Synthese*, 157（3）, 275–296.

Glass, D.（2012）. Inference to the best explanation: Does it track truth? *Synthese*, 185（3）, 411–427.

Harman, G.（1965）. The inference to the best explanation. *The Philosophical Review*, 74（1）, 88–95.

Hempel, C.（1962）. Explanation in science and history. In Colodny, R. G.（Ed.）, *Frontiers of Science and Philosophy*. Allen and Unwin and University of Pittsburgh Press.

Klein, P. & Warfield, T.（1994）. What price coherence? *Analysis*, 54（3）, 129–132.

Ladyman, J., Douven, I. & Fraassen, B.（1997）. A defence of van Fraassen's critique of abductive inference. *The Philosophical Quarterly*, 47, 309–313.

Lipton, P.（2004）. *Inference to the Best Explanation*. Routledge.

Mackonis, A.（2013）. Inference to the best explanation, coherence and other explanatory virtues. *Synthese*, 190（6）, 975–995.

Newton-Smith, W.（2000）. *A Companion to the Philosophy of Science*. Blackwell Publishers Ltd.

Okasha, S.（2001）. What did Hume really show about induction? *The Philosophical Quarterly*, 51（204）, 307–327.

Rappaport, S.（1996）. Inference to the best explanation: Is it really different from Mill's methods? *Philosophy of Science*, 63（1）, 65–80.

Schupbach, J.（2014）. Is the bad lot objection just misguided? *Erkenntnis*, 79（1）, 55–64.

Shogenji, T.（1999）. Is coherence truth conducive? *Analysis*, 59（4）, 338–345.

Thagard, P.（1978）. The best explanation: criteria for theory choice. *The Journal of Philosophy*, 75（2）, 76–92.

Thagard, P.（2005）. Testimony, credibility, and explanatory coherence. *Erkenntnis*, 63（3）, 295–316.

Thagard, P.（2006）. Evaluating explanations in law, science, and everyday life. *Current Directions in Psychological Science*, 15（3）, 141–145.

Trout, J.（2002）. Scientific explanation and the sense of understanding. *Philosophy of Science*, 69（2）, 213–233.

Title: The Evidential Compatibility of Explanation——A Reply to the Bad Lot Objection

Abstract: Bas van Fraassen's bad lot objection is one of the arguments against the inference to the best explanation (IBE). He argues that the best explanation may be the best of a bad lot, so that IBE is unreliable. In this paper, I shall develop a measurement of evidential compatibility under the help of analyzing the use of lemmas during hypothesis generation and selection. Further, I shall argue that this measurement will provide a robust defense to IBE, especially in response to the bad lot objection.

Keywords: IBE; the bad lot objection; evidential compatibility

客观主义与视角主义之争

——对洛德的反驳 [1]

赖国伟 [2]

摘　要：客观主义者认为主体应该做什么由所有的理由决定（无论理由是否位于主体的视角内），而视角主义者认为主体应该做什么仅由主体视角内的理由决定。近些年来，埃罗尔·洛德（Errol Lord）给出了一种通过"值得称赞"概念来支持视角主义的论证。这个论证遭到了乔纳森·维（Jonathan Way）和丹尼尔·怀廷（Daniel Whiting）的反驳。作为回应，洛德又引入了"值得部分称赞"的概念。本文将论证洛德通过"值得部分称赞"概念的论证也是不成功的，因为要么洛德的论证是循环论证，要么其（可能的）论证的前提是错误的。

关键词：客观主义；视角主义；理由；值得称赞

---

[1] 收稿：2021 年 10 月 20 日；首次修回：2021 年 12 月 31 日；末次修回：2022 年 2 月 19 日；录用：2022 年 3 月 7 日。本文通过了《哲学评鉴》匿名评审，发表于合作期刊《外国哲学》2022 年第 2 期。经《外国哲学》编辑部同意，本文经再次修订转载于此。

[2] 赖国伟，浙江大学哲学系博士研究生，主要研究知识论、伦理学与实用主义。电子邮箱：itisgood@foxmail.com。

关于"应该"的客观主义(以下简称"客观主义")认为主体应该做什么由所有的理由决定(无论理由是否位于主体的视角内),而关于"应该"的视角主义(以下简称"视角主义")认为主体应该做什么仅由主体视角内的理由决定。考虑如下案例:

学费案例　假设李默考上了一所知名的大学,但是其家庭没有能力支付学费。李默身上只有 50 元可以灵活使用。李默对休谟很感兴趣,他知道如果他用这 50 元给自己买本休谟的《人性论》,那么他会更加了解休谟的理论。李默完全没有意识到的是,如果他用这 50 元来买彩票,那么他会中 1 000 万元,因此学费等问题都能得到解决。再假设:(1)对李默来说没有其他的关于是否用这 50 元来买彩票或是否用它来买《人性论》的理由;(2)李默要么用这 50 元买彩票,要么用这 50 元买《人性论》。

我们可以问:在学费案例中,李默应该做什么?对此,客观主义认为,李默应该用这 50 元买彩票,毕竟客观上这能使李默中 1 000 万元,无论李默是否意识到了这一点。视角主义则认为,李默应该用这 50 元买休谟的《人性论》,毕竟**在李默的视角看**,这是最好的结果(即这能令他更加了解休谟的理论)。

我来进一步解释客观主义与视角主义对学费案例的裁定。在这个案例中,"用这 50 元买《人性论》会令他更加了解休谟的理论"这一点是李默用这 50 元买《人性论》的一个理由;同时,"用这 50 元买彩票能中 1 000 万元"这一点是李默用这 50 元买彩票的一个理由。[1] 根据客观主义,无论李默是否意识到这些理由,它们都

---

[1] 本文默认一个因素是不是主体做一件事的理由不取决于它是否位于主体的视角内。

参与决定李默应该做什么。既然"用这 50 元买彩票能中 1 000 万元"这个理由的强度远远大于"用这 50 元买《人性论》会令他更加了解休谟的理论"这个理由的强度，于是前者就构成李默做一件事的决定性理由，因此李默应该做这个决定性理由所指引的事，即李默应该用这 50 元买彩票。根据视角主义，主体应该做什么仅由位于主体视角内的理由决定。既然李默丝毫没有意识到他能够凭借这 50 元中彩票，因此"用这 50 元买彩票能中 1 000 万元"这个理由不参与决定李默应该如何使用这 50 元。考虑到位于李默视角内的理由仅仅是"用这 50 元买《人性论》会令他更加了解休谟的理论"，而且（根据假定）在李默的视角内没有其他理由反对用这 50 元买休谟的《人性论》，因此根据视角主义，"用这 50 元买《人性论》会令他更加了解休谟的理论"构成李默用这 50 元买《人性论》的决定性理由，于是李默应该用这 50 元买《人性论》。客观主义与视角主义对于处于某一境况中的主体应该做什么通常会有不同的裁定。

近些年来，视角主义者埃罗尔·洛德（Errol Lord）给出了一些论证来支持视角主义（Lord, 2015, 2017, 2018），并与乔纳森·维（Jonathan Way）和丹尼尔·怀廷（Daniel Whiting）（Way & Whiting, 2017）展开了争论。本文重点考察其中洛德的通过"值得称赞"或"值得部分称赞"概念的支持视角主义的论证。本文的目的是证明洛德的此类论证不成功。

本文结构如下。在第一部分，我更详细地介绍客观主义与视角主义，包括其涉及的相关术语的含义以及理由与"应该""许可"的联系，以便为理解全文做一些铺垫。在第二部分，我介绍洛德支持视角主义的论证。这个论证主要基于这样一个观点：如果 A

应该做一件事，那么 A 能够因为正确的理由而做这件事（以下简称"RRAC"）。我将重点介绍洛德如何通过"值得称赞"的概念来论证 RRAC。在第三部分，我介绍维和怀廷对洛德的上述通过"值得称赞"概念论证 RRAC 的反驳，即基于医生案例的反驳。在第四部分，我介绍洛德对医生案例的回应。这个回应主要依靠引入了"值得部分称赞"的概念。在第五部分，我表明洛德的通过"值得部分称赞"概念对 RRAC 的论证也不成功。在第六部分，总结全文。

一、预备性知识

上文提到，客观主义认为主体应该做什么由所有的理由决定，而视角主义认为主体应该做什么仅由主体视角内的理由决定。在这一部分，我将澄清这两种观点所涉及的"应该""理由""视角内"等概念的含义，并介绍"应该""许可"与"理由"之间的一般关系。这有助于我们更好地理解客观主义与视角主义以及本文后面的讨论。

首先是澄清"应该"这个概念。在学费案例中，客观主义认为李默应该用 50 元买彩票，而视角主义认为李默应该用 50 元买《人性论》。这里的"应该"指的是"考量全局的应该（all-things-considered ought）"，或说"关于做决定的应该（deliberative obligations/ought）"。[1] 如果我们在这种意义上确定了主体应该做什么，那么我们也就解决了主体**到底应该做什么**的问题，它为我们决定要做什么事提供了一个最终的指导。与这种意义的"应该"相

1　见 Lord, 2015: 28, 2017: 1138。

对，还存在着许多其他意义的"应该"，比如道德上应该（moral ought）、审慎上应该（prudential ought）、认知上应该（epistemic ought），等等。可以把这一类"应该"统称为相对于特定规范领域的应该（比如相对于道德规范领域、相对于审慎规范领域等）。相对于特定规范领域的应该本身无法解决主体到底应该做什么的问题。比如，假设某主体 S 道德上应该帮助 A 而审慎上不应该帮助 A，这两种相对于特定规范领域的应该发生了冲突，此时我们还是可以追问：S 到底应该做什么？这表明相对于特定规范领域的应该本身无法解决主体到底应该做什么的问题。又比如，S 在认知上应该相信 p 而在道德上不应该相信 p 时，我们还是可以问：S 到底是否应该相信 p？当我们问"S 到底应该做什么"这个问题时，我们就是在探讨"考量全局的应该"或说"关于做决定的应该"。而客观主义与视角主义所涉及的"应该"就是这种"考量全局的应该"或说"关于做决定的应该"，这种应该解决了主体到底应该做什么的问题，它为我们决定要做什么事提供了一个最终的指导。[1]

其次是澄清"理由"这个概念。这里的理由指的是规范理由。规范理由指的是这样一种事实（facts），它支持相应的行动或态度。[2] 比如，"外面下雨了"这个事实支持我出门带伞，于是"外面下雨了"这个事实就是我出门带伞的一个规范理由。标准的观点认为，规范理由参与决定主体是否应该或是否被许可做一件事。[3] 如下两个原则被普遍接受：[4]

---

[1] 苏珊娜·勒娜德（Susanna Rinard）把这种应该也称为"给予引导的应该（guidance-giving should）"。见 Rinard, 2019: 1925–1926。
[2]、[3] 见 Fassio, 2019: 3253。
[4] 见 Fassio, 2019: 3253; Lord & Maguire, 2016; Nebel, 2019: 459–484; Parfit, 2011; Way & Whiting, 2017: 361–374; Whiting, 2017: 398–420。

（D）主体应该 φ，当且仅当主体有决定性理由（decisive reasons）去 φ。

（S）主体被许可去 φ，当且仅当主体有充分理由（sufficient reasons）去 φ。

一是关于**决定性理由**。假设主体有做一件事的理由 A，同时主体有不做这件事的理由 B，主体没有其他的关于做或者不做这件事的理由。再假设理由 A 的强度大于理由 B 的强度。在这种状况中，理由 A 就构成了做这件事的决定性理由，所谓"决定性理由"指的是这种理由的强度大于做其他事的理由。如果主体有决定性理由做这件事，那么主体应该做这件事（反之亦然）。二是关于**充分理由**。假设主体有做一件事的理由 A，同时主体有不做这件事的理由 B，主体没有其他的关于做或者不做这件事的理由。再假设理由 A 与理由 B 的强度一样。在这种状况中，主体做与不做这件事的理由都是充分理由，所谓"充分理由"指的是这种理由的强度大于或等于做其他事的理由，在"大于"的情况下，充分理由同时是决定性理由。如果主体有充分理由做一件事，那么主体被许可做这件事（反之亦然）。值得注意的是，这里对"决定性理由"与"充分理由"的解释也是学界（包括洛德在内）对它们的标准解释。[1]

此外，由于规范理由必须是事实，因此主体误信的假命题不构成规范理由。[2] 假设李默相信"今天会下雨"，并且因此李默出门带了伞。如果事实上今天没有下雨，那么在李默的视角内也不存在支

---

1 见 Lord, 2018: 10; Lord & Maguire, 2016。就其他学者对这两个概念的介绍，比如可见 Parfit, 2011: 32-33。感谢一位审稿人促使我对这点做出澄清。
2 见 Lord, 2015: 28; Alvarez, 2020; Parfit, 2011; Way & Whiting, 2017: 361-374; Leary, 2017: 529-542。

持其出门带伞的（规范）理由。一个因素要成为"视角内的理由"，除了需要它确实位于主体的视角内，至少还需要这个理由本身也是一个事实（或说真命题）。

最后是澄清"视角内"这个概念。视角主义者关于处于何种状态才算处于主体视角内有不同的看法。有的视角主义者认为 p 在主体的视角内要求主体确证地相信 p，有的认为 p 在主体的视角内要求主体知道 p，有的则认为 p 在主体的视角内要求主体能够知道 p，等等。[1] 出于方便的需要，本文暂且假定 p 在主体视角内当且仅当主体知道 p。[2]

二、洛德通过"值得称赞"概念的支持视角主义的论证

洛德持有视角主义，即认为主体应该做什么仅由主体视角内的理由（事实）决定。在《因为正确的理由而行动，能力，以及义务》（Lord，2015：26–52）、《理性要求你去做的事与你应该做的事（是同一个东西！）》（Lord，2017：1109–1154）等论文以及其著作《理性的重要性》（Lord，2018）中，洛德提出了支持视角主义的论证。本文仅讨论其中的洛德通过"值得称赞（creditworthy）"概念的支持视角主义的论证。

洛德的论证基于这样一个核心观点：

（RRAC）如果 A 应该 φ，那么 A 有能力因为正确的理由而 φ。

这里"正确的理由"指的是决定 A 应该 φ 的那些理由。（Lord，

---

[1] 见 Way & Whiting，2017：361-374。
[2] 维与怀廷在 Way & Whiting（2017）一文中也做了这个假定。

2015：33）另外值得注意的是，这里提到的"能力"指的是在当下环境（当下时间与当下地点）主体能够做一件事的那种即时能力（specific ability）。即时能力区别于一般能力（general ability），后者指的是主体在很多环境下通常能够做一件事的那种能力（但在当下环境不一定能够做这件事）。[1] 如果我们进而接受另一个前提：

（2）如果 A 有能力因为正确的理由而 ϕ，那么这些正确的理由必须位于 A 的视角内。

那么我们可以得到结论：

（C）如果 A 应该 ϕ，那么决定 A 应该 ϕ 的正确的理由必须位于 A 的视角内。

这个结论表明客观主义为假，并支持视角主义。[2]

之后洛德进而分别提供了论证以支持 RRAC 与（2）。**本文只关注洛德对 RRAC 的通过"值得称赞"（以及"值得部分称赞"）概念的论证，不讨论（2）是否成立等问题。**

洛德通过"值得称赞"这个概念来论证 RRAC。论证如下。

首先，洛德接受如下原则：

（Credit）A 的 ϕ-ing 是值得称赞的（creditworthy），当且仅当 A 因为充分理由而 ϕ。

洛德认为从 Credit 也可以推出如下命题：[3]

（Credit 1）当 A 应该 ϕ 时，A 的 ϕ-ing 是值得称赞的当且仅

---

[1] 见 Lord, 2018: 236; Way & Whiting, 2017: 361–374。
[2] 见 Lord, 2015: 35。值得注意的是，洛德的原文说的是"A 拥有（possesses）正确的理由"而不是"正确的理由必须位于 A 的视角内"，但是两者是一个意思。
[3] 见 Lord, 2015: 37。

当A因为决定性理由而φ。[1]

Credit表明当A应该φ时,假如事实上主体φ(此时A做了其应该要做的事),这还不足以表明A的φ-ing是值得称赞的。要使得A的φ-ing是值得称赞的,A必须**因为**正确的理由**而**φ:A的φ-ing与其正确的理由之间要有正确的联系。假设一个人碰巧做了其应该做的事,洛德认为这不足以使得其行为是值得称赞的。

其次,根据Credit,如果主体仅仅是因为一个规范理由而做了一件事,那么主体的行为可能也不是值得称赞的。要达到值得称赞的地步,主体做一件事所基于的理由必须要强到成为充分理由,从而使得主体至少是被许可去做这件事。

我对上文提到的"值得称赞"概念做一点澄清。[2] 有人可能问,洛德对这个概念的理解是根据第三人称的观点还是第一人称的观点?洛德本人(以及下文即将谈到的洛德的批评者)并没有在这一点上做出区分。据此,我们似乎不需要做这种区分。但是假设对是否"值得称赞"的判断要么只能在第三人称的观点中来进行,要么只能在第一人称的观点中来进行,在这个假设的基础上,对Credit等原则的真假判断(以及对**本文将要讨论的案例**所涉及的是否"值

---

[1] 洛德之所以认为从Credit可以推出Credit 1,或许是因为他认为当A应该做一件事时,其做这件事的充分理由也就是其做这件事的决定性理由。我认为这个判断在一些案例中是不成立的。考虑这样一种情况。A分别有理由1与理由2去做一件事,同时有理由3不去做这件事。假设A没有做与不做这件事的其他理由。再假设理由1的强度大于理由3的强度,理由1与理由2构成的整体的强度也大于理由3的强度,而单独的理由2的强度等于理由3的强度。此时,很明显,A应该做这件事。同时理由2单独构成A做这件事的充分理由。然而,理由2不是A做这件事的决定性理由。下文的讨论暂且忽略这样一个问题。或者说,下文默认洛德的理论涉及的案例都满足:当A应该做一件事时,其做这件事的充分理由也就是其做这件事的决定性理由。

[2] 感谢一位审稿人促使我对这点做出澄清。

得称赞"的判断）是否会由于第三人称观点与第一人称观点的转换而受到影响？似乎不会。这正如对"1 + 1 = 2"这个命题的真假判断不会受到是我在判断还是旁观者在判断的影响一样——只要判断者都是理性的人。

介绍完 Credit，下面是论证的其余部分。洛德认为，如果 RRAC 为假，那么会存在这样的案例：主体应该 φ 且主体没有能力因为正确的理由而 φ。结合 Credit，则会存在这样的案例：主体应该 φ 且主体没有能力以值得称赞的方式而 φ。洛德认为这是很荒谬的。因此，RRAC 为真。

综上，洛德通过"值得称赞"概念对 RRAC 的论证可归纳如下（简记为"A1"）：

（a1）如果 RRAC 为假，那么会存在这样的案例：主体应该 φ 且主体没有能力因为正确的理由而 φ。

（a2）A 的 φ-ing 是值得称赞的，当且仅当 A 因为充分理由而 φ（Credit）。

（a3）如果 RRAC 为假，那么会存在这样的案例：主体应该 φ 且主体没有能力以值得称赞的方式而 φ。（来自 a1 与 a2）

（a4）[存在这样的案例：主体应该 φ 且主体没有能力以值得称赞的方式而 φ] 为假。

（RRAC）因此，如果 A 应该 φ，那么 A 有能力因为正确的理由而 φ。（来自 a3 与 a4）

三、维与怀廷的反驳：医生案例

在 2017 年的论文《视角主义与来自引导的论证》中，维与怀廷反驳洛德的上述通过"值得称赞"概念对 RRAC 的论证。[1] 精确地说，他们反驳 Credit 与 a4 这两个前提。他们的策略是提出对于 Credit 与 a4 共同的一个反例，即医生案例：

医生案例 一个医生正决定是给一个病人药物 A 还是药物 B。这个病人得了引起疼痛并且是致命的病。医生知道药物 A 会完全治愈这种病——缓解病人的所有痛苦并且拯救其性命，医生也知道药物 B 只会缓解病人的痛苦而不会拯救病人的性命。医生还知道她只能给病人其中一种药物。然而，医生不知道也不会知道的是（尽管证据指向相反的方向）：她不能够（在即时能力的意义上）给出药物 A。碰巧，医生出于缓解病人的痛苦的考虑将药物 B 给了病人。

对于医生案例，我们可以问：医生到底应该怎么做？维与怀廷认为医生应该将药物 B（而不是药物 A）给病人。为什么？首先，医生并非应该给药物 A，因为医生没有即时能力给出药物 A。这是因为如下的原则（the "ought implies can" principle）：

（OIC）如果你应该 φ，那么你能够 φ。[2]

既然医生不能够给出药物 A（缺乏这样一种能力），于是医生

---

[1] 见 Way & Whiting, 2017: 361-374。
[2] OIC 适用于哪些意义下的"应该（ought）"或"能够（can）"在学界是一个有争议的问题。但是如下一点是较少有争议的：本文所讨论的"应该"即"考量全局的应该（all-things-considered ought）"或说"关于做决定的应该（deliberative obligations/ought）"能满足 OIC。注意这里并没有说其他意义上的"应该"都不能满足 OIC。就本文讨论的目的，我们只需要知道"考量全局的应该"满足 OIC。此外是关于其中的"能够"。OIC 中的"能够"要在哪种意义上来理解，在"即时能力"的意义上还是在"一般能力"的意义上？对此，维与怀廷在《视角主义与来自引导的论证》中假定了这种能力是"即时能力"（注意在医生案例中医生也是在即时能力的意义上不能够给出药物 A），而洛德在后面的对维与怀廷的相关回应中也并未对此表示异议。感谢一位审稿人促使我对这点做出澄清。

并非应该给药物 A。维与怀廷认为，假定医生没有不给药物 B 的理由，于是"给药物 B 能缓解病人的痛苦"这一点就是医生给药物 B 的决定性理由，进而医生应该给药物 B。但是直觉上医生给药物 B 这种行为不是值得称赞的。毕竟，医生似乎对病人的生命展示了冷漠。这样，上述洛德对于 RRAC 论证的前提 Credit 与 a4 为假。

维与怀廷还考虑到：反驳者可能说在医生案例中，医生虽然不是值得完全称赞（deserving of full credit），但是值得部分称赞（deserving of partial credit），毕竟医生至少关心病人所受的痛苦。对此，反驳者可能认为下列命题是可接受的：

（Credit*）如果你应该 φ，那么你能够以值得**部分**称赞的方式去 φ。

对于这个可能的回应，维与怀廷认为 Credit* 不足以支持 RRAC，而只支持：

（RRAC*）如果你应该 φ，那么你能够因为**部分的**正确的理由而 φ（而不是因为正确的理由而 φ）。

RRAC* 太弱以至于不足以支持上文提到的 C，即如果 A 应该 φ，那么决定 A 应该 φ 的正确的理由必须位于 A 的视角内。因此，这种回应不成功。

四、洛德对医生案例的回应

洛德在 2018 年的著作《理性的重要性》中考虑了维与怀廷的上述反驳，并对此做出了回应。[1] 对于医生案例，洛德的反应是坚

---

1 见 Lord, 2018: 236–238。

持医生是值得称赞的。不过如维与怀廷所预料的,洛德认为医生只是值得**部分**称赞。然而,洛德不认为鉴于医生案例他必须被迫只能接受维与怀廷给出的:

(Credit*)如果你应该 φ,那么你能够以值得部分称赞的方式去 φ。

洛德承认 Credit* 确实太弱了以至于无法支持 RRAC。洛德说鉴于医生案例,他支持:

(‡)如果你应该 φ,那么你有能力以至少值得部分称赞的方式因为正确的理由而 φ。

洛德认为 ‡ 强于 Credit*,并且确实支持:[1]

(RRAC)如果 A 应该 φ,那么 A 有能力因为正确的理由而 φ。

五、为什么洛德的回应不成功

这一部分我将表明洛德的上述回应是不成功的。

首先,根据洛德的上述回应,其支持 RRAC 的论证如下:

(‡)如果你应该 φ,那么你有能力以至少值得部分称赞的方式因为正确的理由而 φ。

(RRAC)因此,如果 A 应该 φ,那么 A 有能力因为正确的理

---

[1] 我解释一下为什么洛德认为 ‡ 强于 Credit* 并且支持 RRAC。首先,洛德认为 ‡ 强于 Credit* 是因为: ‡ 说的是如果你应该 φ,那么你有能力以至少值得部分称赞的方式**因为正确的理由而** φ,而不仅仅是——根据 Credit*——你有能力以至少值得部分称赞的方式而 φ。相比于 Credit*,‡ 在条件句的后件中增加了"**因为正确的理由而**" φ 的这个更多的内容。这里"正确的理由"指的是决定你应该 φ 的那些理由。其次,‡ 支持 RRAC 是明显的,因为从 ‡ 逻辑上就能推出 RRAC。

由而 φ。

虽然这个论证是有效的，并且其前提‡也避免了医生案例的反驳，但这个论证是一个循环论证，结论 RRAC 已经被包含于这个论证唯一的前提‡中了，因此这不是一个好的论证。综观洛德 2018 年著作《理性的重要性》的上下文，他并没有明确提出支持‡的论证，所以他在这里是窃取论点。

支持‡在洛德那里是一个原始的前提的另一个理由是：Credit* 由第二部分提到的洛德对 RRAC 的论证 A1 的原始前提 a4——[存在这样的案例：主体应该 φ 且主体没有能力以值得称赞的方式而 φ] 为假——修改而来，而‡又来自直接加强 Credit*。因此，从‡的来源谱系看，‡作为一个原始的前提而出现。这构成支持‡在洛德那里是一个原始的前提的理由。但是如上所述，直接持有‡是窃取论点。

然而，鉴于洛德在回应医生案例中引入了"值得部分称赞"这个概念，因此他可能回应说，通过"值得部分称赞"这个概念，他能够提供支持 RRAC 的一个新的、非循环的论证，如下（简记为"B2"）：

（b1）如果 RRAC 为假，那么会存在这样的案例：主体应该 φ 且主体没有能力因为正确的理由而 φ。

（b2）A 的 φ-ing 是值得**部分**称赞的，当且仅当 A 因为充分理由而 φ（Credit+）。

（b3）如果 RRAC 为假，那么会存在这样的案例：主体应该 φ 且主体没有能力以值得**部分**称赞的方式而 φ。（来自 b1 与 b2）

（b4）[存在这样的案例：主体应该 φ 且主体没有能力以值得**部分**称赞的方式而 φ] 为假。

（RRAC）因此，如果 A 应该 φ，那么 A 有能力因为正确的理由而 φ。（来自 b3 与 b4）

这个论证将第二部分的论证 A1 中的"值得称赞"修改为"值得部分称赞"并由此转变而来。我们可以看到相对于论证 A1，论证 B2 在结构上并没有发生实质性变化。同时，论证 B2 似乎能够应对医生案例的冲击：医生案例似乎不再构成前提 Credit+ 与 b4 的反例。此外，尽管洛德没有在文中明确提出论证 B2，但是鉴于他说"[类似于医生案例的案例]并不葬送我的论证背后的基本观念。在义务与拥有（特定的）能力去以值得称赞的方式反应之间仍旧有密切的联系"（Lord，2018：238），如果这里说的"我的论证"指的是论证 A1，那么他很可能隐含地接受上述论证 B2。

但是我要论证：在论证 B2 中，前提 Credit+ 是错的。如果引入"值得部分称赞"这个概念，那么一个行为值得称赞的程度可以很低，以至于 Credit+ 为假。比如，考虑如下案例：

派对案例　李明在决定要不要去参加其朋友王一明天的生日派对。李明知道有如下两个去参加派对的理由：（a）去参加派对能令王一开心；（b）去参加派对能碰到一个李明想见的朋友张标。同时，李明知道有一个不去参加派对的理由：（c）王一所在的城市太远了（位于另一个省份）。假设理由 a 与理由 b 的强度加起来大于或等于理由 c 的强度，而单个理由 a 与理由 b 的强度分别弱于理由 c 的强度。再假设最后李明仅仅因为"去参加派对能令王一开心"这个理由 a 而去参加了王一的生日派对。李明没有其他的去与不去参加王一明天的生日派对的理由。

直觉上，李明至少是值得部分称赞的，毕竟他因为"去参加派对能令王一开心"这个理由而去参加了王一的生日派对。李明在这里通过行动展示了对朋友的友好。但是在派对案例中，李明并没有因为**充分理由**而去参加王一的生日派对。如果李明要基于充分理由去参加派对，那么他需要因为"去参加派对能令王一开心"以及"去参加派对能碰到一个李明想见的朋友张标"两者的整体——理由 a 与理由 b 的整体——而去参加王一的生日派对，而不是仅仅因为"去参加派对能令王一开心"这个理由而去参加派对。所以，派对案例构成了对 Credit+ 的反例。

总而言之，根据洛德对医生案例的回应，要么洛德通过"值得部分称赞"概念对 RRAC 的论证是循环论证（因此不是一个好的论证），要么洛德通过"值得部分称赞"概念对 RRAC 的论证存在前提错误。因此，洛德通过"值得部分称赞"概念对 RRAC 的论证也是不成功的。

六、结论

本文介绍了洛德支持视角主义的一个论证，重点关注洛德支持其核心观点 RRAC 的这个局部论证，这个论证关键在于认为在"值得称赞"与因为充分理由而做出行为之间有密切的联系。作为对医生案例的回应，洛德把"值得称赞"改为"值得部分称赞"。但是我表明，根据洛德的回应，其后来的论证要么是窃取论点，要么存在前提错误。因此洛德通过"值得部分称赞"概念对 RRAC 的论证也是不成功的。

值得注意的是，本文虽然驳斥了洛德通过"值得部分称赞"概念支持 RRAC 进而支持视角主义的一个重要论证，但是没有提出论证来否定 RRAC，因此 RRAC 本身是否成立还是一个问题。事实上洛德还有其他支持 RRAC 的论证，受篇幅所限，本文没有考虑那些论证。然而，即使 RRAC 最后被表明能够成立，它能否和客观主义相容，还是 RRAC 仅仅是支持视角主义？这些问题也是存疑的。对它们的回答取决于洛德论证的另一个前提［（2）如果 A 有能力因为正确的理由而 φ，那么这些正确的理由必须位于 A 的视角内］是否成立。但是受篇幅所限，（2）是否成立不在本文的考察范围内，留待进一步的探析。[1]

致谢

本文间接受益于与达维德·法西奥（Davide Fassio）就相关问题的交流，在此致谢。

参考文献

Alvarez, M.（2020）. Reasons for action: Justification, motivation, explanation. https://plato.stanford.edu/entries/reasons-just-vs-expl/#MotiReas.

Fassio, D.（2019）. Are epistemic reasons perspective-dependent? *Philosophical Studies*, 176(12), 3253–3283.

Leary, S.（2017）. In defense of practical reasons for belief. *Australasian Journal of Philosophy*, 95(3), 529–542.

Lord, E.（2015）. Acting for the right reasons, abilities, and obligation. In Shafer-Landau, R.（Ed.）, *Oxford Studies in Metaethics*（Vol. 10）（pp. 26–52）. Oxford University Press.

Lord, E.（2017）. What you're rationally required to do and what you ought to do（are the same thing!）. *Mind*, 126(504), 1109–1154.

---

[1] 感谢一位审稿人促使我对这点做出澄清。

Lord, E. (2018). *The Importance of Being Rational.* Oxford University Press.

Lord, E. & Maguire, B. (2016). An opinionated guide to the weight of reasons. In *Weighing Reasons.* Oxford University Press.

Nebel, J. M. (2019). Normative reasons as reasons why we ought. *Mind*, 128(510), 459–484.

Parfit, D. (2011). *On What Matters* (Vol. 1). Oxford University Press.

Rinard, S. (2019). Equal treatment for belief. *Philosophical Studies*, 176 (7), 1925–1926.

Way, J. & Whiting, D. (2017). Perspectivism and the argument from guidance. *Ethical Theory and Moral Practice*, 20(2), 361–374.

Whiting, D. (2017). Against second-order reasons. *Noûs*, 51(2), 398–420.

Title: The Debate between Objectivism and Perspectivism—Objections to Lord's Arguments

Abstract: Objectivists hold that what you ought to do is determined by all the reasons (no matter whether those reasons fall within your perspective). Perspectivists hold that what you ought to do is determined by reasons that fall within your perspective. Recently, Lord proposes an argument that supports perspectivism by virtue of the concept of creditworthiness. In the face of Way and Whiting's objection, Lord changes his argument by innovating the concept of partial credit. I argue that Lord's response fails, for either that this argument is circular or that one premise of his (possible) argument is false.

Keywords: objectivism; perspectivism; reason; creditworthy

韩非子视角下的人性[1]

高 祎[2]

摘 要：韩非子的人性观点并非源自荀子的性恶观点，近年来学者也从"性"与"情"的区分、文本考证等方面拒斥了韩非子性恶论的观点，并提出了人情论、性智论等观点来解释韩非子的人性概念。经文本考证和推理，可发现韩非子以欲利之性消解了对于人性善恶判断的可能性。欲利之性在不同的外在条件下，可以表现出不同道德倾向的行为，而不变的就是好利恶害的欲利之性。但是在《韩非子》中可以发现，这种欲利之性用在臣民身上更多表现为一种私利，而在君主身上就更多表现为一种集体大义的公利。君主的人性似乎区别于其他臣民的人性。韩非子在描述欲利之性时所采用的例子都是夸大过后的极端例子，是最坏的情形，并且他毫不顾忌地阐述了大量不符合欲利之性的事例来提醒君主。对于以上矛盾点，本文尝试以为政治服务的视角来给出一个相对融贯的回答，试

---

[1] 收稿：2020 年 9 月 25 日；首次修回：2021 年 1 月 31 日；末次修回：2021 年 4 月 17 日；录用：2021 年 4 月 26 日。
[2] 高祎，中山大学哲学系（珠海）本科生，主要研究先秦哲学、中国古代政治哲学。电子邮箱：gaoyisysu@163.com。

图论证韩非子并非要着力于构造一种人性论，而是在着力于为提高政治效率找到一种切实可依据的人性特征或者倾向，即好利恶害的欲利倾向。

关键词：韩非子；自然人性论；性恶论；性智论；好利恶害

一、引言

有关韩非子的人性观点[1]，学界有诸多探讨，存在多种不同的看法与评价。

张申（1979）认为韩非子的人性观点属于无善无恶的自然人性论，实际上是在否定了性恶或性善基础上的"自为"的人性论，认为人性自生自尔、好利恶害，无关道德上的善恶评价。首先，韩非子和荀子一样承认人性有好利恶害的特征，但两者对其态度不同。荀子认为人们可以改变这种特性，通过化性起伪来达到善，而韩非子则接受了这种人性的基本状态，不去教导民众，不对此进行价值评价，而采用道家贵因思想，"因顺"人性人情，因此赏罚可用。其次，张申认为讨论性善性恶，要有一定的道德理论作为支撑。张申认为韩非子主张的是一种功利主义[2]的后天道德论。人性好恶是自然自尔，善恶的道德评价在于后天人为，在于后天的客观条件的

---

1 关于人性论的讨论深受儒家荀孟性恶性善论的影响。一般认为，如果人性中有先天的善的倾向就是性善；如果人性中没有先天的善的倾向而只有情感好恶、欲利之心，则被认为是性恶论。本文所讨论的人性论并不局限于儒家关于人性论的论述，更多地指向一种普遍意义上的人之生来就有的本质。

2 此处的功利主义和西方古典功利主义有所出入。西方古典功利主义强调的是通过何种行为可以最终达到一种最大的幸福或快乐。张申在这里所阐述的功利，主要指向的是法家的"法"，根据法律的评判标准，有功就是善，违法就是恶，而不是达到所有人的最大幸福就是善。

变化,而不在于人天生的本质人性。符合法家规定的法律、各种行政规范的才是善的,而违反就是恶。在张申看来,韩非子把善恶的评价落实到了具体的行为实践上而无关人性。

蒋重跃(2010:121–122)认为韩非子所持是一种源自荀子的性恶论,指出他继承了其老师荀子性恶论的部分内容,不承认人有先天的道德禀赋。韩非子承认人性中"人情者,有好恶"(《韩非子·八经》),这和荀子所说"性之好恶、喜怒、哀乐谓之情"(《荀子·正名》)中的人情是大致相同的。和荀子不同的是,韩非子否认人心可以化性起伪,否认道德在人心的来源,否认道德形而上层面的善源,对于人性中是否有良知良能的问题持否定态度,这更加突出韩非子的性恶论倾向。蒋重跃的论证主要有以下两个方面。一是韩非子以"皆挟自为心""以利之为心"等对作为儒家伦理道德基础的亲子、仁爱等情感进行了猛烈抨击,以自私自利的计算之心消解了道德仁爱。二是韩非子拒绝对人性做抽象的道德价值判断,试图在历史发展变化中指出人性会随时代、客观物质条件的发展而变化,且暗含不变的只有欲利之心。"韩非子的人性论是动态的、历史的,他承认人有智慧的天性,却不承认其中有任何先天的道德内容。"(蒋重跃,2010:132)这种缺乏独立于环境的道德善的能力的人性在蒋重跃看来就是恶的一种表现。

王晓波(2019)则认为韩非子所持并不是性恶论,而是一种性情论。王晓波区分了"性"和"情"的不同含义:"性"是先验[1]层面的、人生而有之的本质,而"情"则是"性"感物而动后的经

---

[1] 这里的先验并非康德意义上使得知识得以可能的那种奠基性意涵,而仅仅指先于经验的、天生具有的特质。

验层面的产物和结果。"性"是客观存在于先验层面的,人是不可能认识到的;只有感物而动的"情"才可以被认识到。由此,王晓波认为韩非子所持并非人性论,而是人情论。人人皆为私利,无论是父子、夫妻、君臣之间都无法逃脱利益关系,这描述的就是一种人情论。王晓波进一步引用韩非子"夫智,性也,寿,命也,性命者,非所学于人也,而以人之所不能为说人,此世之所以谓之为狂也"(《韩非子·显学》)的说法,证明韩非子是拒绝人性论的,这种非后天习得的"性"是无益于治的。此外,韩非子所论及的人对于利益的追求,根据不同的条件可以导致善,也可导致恶,无法作为性恶论的依据。

不过在笔者看来,这种"性"与"情"在先验和经验上的区分似乎并不合理。首先,韩非子所处的中国春秋战国时代,思想尚处于萌发之际,并无先验和经验的区分。先验更多是来自西方哲学体系的概念。其次,韩非子在文中其实是混用"性"和"情"的,并无明显的区分,多是"性""情"连用,或是有着相同的内涵。最后,在"夫智,性也,寿,命也"的后文中,韩非子也明确提及人的性是不可后天学习或改变的,所以他希望不要通过仁义教化来改变人性,而是因顺这种人性,利用赏罚,从而真正有效管理百姓。这里因顺的不可改变的人性就是人好利恶害的人性[1]。如果人性真是先验层面不可触及的,便不可能因顺。因此,"性"和"情"本质上的区别在韩非子这里并不存在。

宋洪兵(2019)则试图阐发韩非子思想中的善源,认为韩非

---

[1] 如无特别说明,本文中的人性和人情没有先验和经验的区分,都是描述人生而有之的一种本质特征,都是性情互用,无分先验、经验意义上的性。

子人性论中不仅仅有欲利之性，还有一种智性，并由此推导出向善的可能性。首先，宋洪兵认为老子的道在韩非子的思想体系中具有众善之源的元伦理特性。韩非子在《解老》篇中对道涵盖德、仁、义、礼的解释和老子的作为善源的道是一致的[1]。其次，宋洪兵引述《解老》篇中关于仁的描述，"仁者，谓其中心欣然爱人也。其喜人之有福，而恶人之有祸也。生心之所不能已也，非求其报也"，认为这种"生心"也源自人之天性，但是必须做到体道、悟道才能产生真正意义上的"生心"。至于人如何做才能够体道、悟道从而获得生心，就在于人的聪明睿智之性。在宋洪兵看来，韩非子承认人的天性具有理智冷静的思考能力，但绝不仅仅是那种工具理性的计算之心："人性之智，不仅是人兽之别的根据，而且也是人类就主体而言向善之可能。"（宋洪兵，2019）这种聪明睿智的天性，是人类通达"道"的必备条件。由此宋洪兵论证了韩非子人性善源的可能性，得出韩非子人性论为人性好利和人性理智二元同构的特征。

综上，无善无恶的自然人性论认为，韩非子肯定了好利恶害的欲利之性并因顺之，且没有对这种人性进行直接的道德评价。主张韩非子持性恶论观点的主要依据是韩非子对好利恶害的欲利之性的强调，该观点预设人性若没有独立于环境之外的善的道德力量，只有追求利益的工具理性，就是一种性恶论。王晓波（2019）和佐藤将之（2017）分别从不同的角度反驳了性恶论的观点。最后，关于欲利与向善二元结构的性智论，从"道"作为外部善源及"聪明睿智"之性作为体道的能力来论证韩非子人性论具有一种向善的可能性。由此可见，关于韩非子性恶论的观点已被学界逐渐消解，学者

---

[1] 当然，这里是否一致还需要进一步讨论。

们各抒己见。若韩非子的人性观点不是性恶论，也不是人情论，那么该以何种方式来描述韩非子的人性观点？这是本文的主要论证任务。

鉴于韩非子对人性的描述主要集中于欲利之性和智性两个方面。本文将首先考察欲利之性在韩非子文本中的具体内涵，并阐述韩非子如何看待这种欲利之性。其次，本文将探讨智性在韩非子人性观点中的地位。最后，本文试图论证韩非子的人性并不具有稳定一致的本质，他并非要着力构造一种人性论，而是在着力为提高政治效率找到一种切实可依据的人性特征或者倾向。这是一种政治[1]视角下的人性特征。

二、好利恶害的欲利之性

《韩非子》中关于人性的描述主要有两个方面：一方面是大量关于人性好利恶害的描述，这也是众多学者评论韩非子人性论的主要依据；另一方面是关于人聪明睿智的理智推理的天性的描述。接下来笔者将尝试通过分析涉及这两个方面的文本，对第一部分中介绍的几种观点做出批驳。

何谓好利恶害？所谓"利"[2]主要有以下三个方面的内涵。

---

[1] 政治一词具有较大的歧义，可以指政治学，也可以指现实的政治利益。本文中表达的含义是，韩非子的政治学术方面的洞察在社会科学方面的积极影响，进一步力求带来对现实政治的影响。韩非子如此着眼于政治方面的内涵，一定程度上并不是为了纯粹的功利或是为统治阶级服务，而是在考察社会现实后发现一种可行的学术方向。

[2] 这里阐释的主要是"好利恶害"意义上的作为人们所欲求的名词的"利"。那么"害"实际上也就可以从利的反面来理解了。《韩非子》中亦有许多表示动词意义的、"期于利民"等的"利"，这里对其不做讨论。

第一，国家之利。"宋小而齐大。夫救小宋而恶于大齐，此人之所以忧也；而荆王说，必以坚我也。我坚而齐敝，荆之所利也。"（《韩非子·说林上》）别国强盛是对于自己国家的不利。国家主体的利比较简单，指自己国家国富兵强，在国家间的竞争中处于优势地位。

第二，君主之利和臣子之利。"主利在有能而任官，臣利在无能而得事；主利在有劳而爵禄，臣利在无功而富贵；主利在豪杰使能，臣利在朋党用私。"（《韩非子·孤愤》）君主的利在于选择有能力的人担任官职，管理好国家，是一种公正的交换秩序，最终希望达到国富兵强的目的；而臣下的利在于不劳而获，破坏这种公正的交换秩序，最终的利益就是贪图享乐。并且，君臣之利在韩非子的描述中总是处于一种对立的状态。"匹夫有私便，人主有公利"（《韩非子·八说》），"臣主之利与相异者也"（《韩非子·孤愤》）。韩非子认为君主和臣下的利是绝对冲突、你死我亡的一种对立状态，所以没有什么忠诚可言，君臣之间只有利害关系。公私对立在韩非子的叙述中非常明显。韩非子对君主之利[1]的评价似乎符合我们通常意义上对于社会秩序的价值评判，追求国富兵强之利是正当的，而且某种程度上讲是具有道德价值的。而臣子之利却表现为对人与人之间基本交换秩序的破坏，是不正当的。臣子之利被完全描述为一种私利，而君主之利则是顾全国家大局的公利。当然，君主作为一个

---

[1] 君主之利在这个意义上看起来会和其他人的利大不相同，更多表现为一种现当代道德所认同的、推动国家繁荣发展、官员各尽其能等的利。在其他人的利中，我们或多或少都会看到其明显地指向一种生理、心理上的个人的私欲，但是在君主这里，利好像变得无比高尚。需要注意的是，在《韩非子》中，君主是处于他所设定的政治体系之外的，是处于那个虚静无为的"道"的地位的，很多方面的规定在君主这里完全失效。

人,同样难免会有自己的私利。韩非子写道:"耽于女乐,不顾国政,则亡国之祸也。"(《韩非子·十过》)可见,君主作为普通人,亦会欲求私利,所以韩非子才会提醒君主不要耽于女乐。作为君主,为维护国家统治,要追求公利;但作为个人,君主也会追求私利。那么在君主身上就会出现两种完全异质的利,国富兵强之利和个人口腹声色之利。不过,在韩非子的行文中,君主之利大多数情况下是指公利[1]。

公私之利的区分体现出"利"在韩非子理论中的异质性问题。公私对立在韩非子论述中主要有两个层面的含义:就实然意义而言,"公"指的是君主、国家,"私"指的是臣子、平民;就价值意义而言,"公"与"私"的对立主要在于是否守法(陈乔见,2013:71)。守法即为公,违法即为私。君臣之间的公私对立在韩非子行文中颇为明显。例如,"群臣废法而行私重,轻公法矣"(《韩非子·有度》),"上下一日百战"(《韩非子·扬权》),"明主之道,必明于公私之分,明法制,去私恩……私义行则乱,公义行则治,故公私有分"(《韩非子·饰邪》)。这些主要描述的都是臣子的私利和君主的公利之间的冲突。此外,文本中有守法、违法意义上的公私之分,在此不再一一列举。

第三,平民百姓之利。"欲利之心不除,其身之忧也。故圣人衣足以犯寒,食足以充虚,则不忧矣。"(《韩非子·解老》)这句话中的"利",指的是衣食住行等生理上的享受。"无弃灰,所易也;断手,所恶也。行所易,不关所恶,古人以为易,故行之。"(《韩

---

[1] 君主的个人私利在韩非子行文中极少被正面提及,即使提到也是一种劝导、警告的语气。在韩非子这里,即使没有预设君主本性大公无私,也预设了作为君主应当追求公利而非私利。

非子·内储说上》)这句话中的"利",指的是对自己身体的保全。"渔者持鳣,妇人拾蚕,利之所在,皆为贲、诸。"(《韩非子·说林下》)这里的渔者、妇人之利,是为钱财,生活富足。人们为了满足自己生活富足的愿望,可以去勉强自己做原本需要耗费精力的事情。文中最为尖锐的论述莫过于把父母子女之间的关系也看作利害关系。"人为婴儿也,父母养之简,子长人怨。子盛壮成人,其供养薄,父母怒而诮之。子父至亲也,而或谯或怨者,皆挟相为而不周于为己也。"(《韩非子·外储说左上》)父母子女之间的冲突就是因为自己想要从对方那里得到更多的利益。对于父母来说,利益就是可以获得子女的供养,晚年可以衣食无忧;对于子女来说,利益就是父母可以提供给他好的生活条件。如果对方不能满足自己这些利益的需求,就会产生埋怨。平民百姓之利就完全体现为生存、温饱之类的私利。

据以上分析可知,"利"在韩非子文中有不同的分类,存在着公利和私利两种本质上相互对立的种类,君主之利呈现出和百姓之利不同的内容。前者在于臣子各尽其能,治理有序,国富兵强,国泰民安;后者在于满足生存、温饱之类的个人私欲。然而,利的这种异质性并非在韩非子的所有叙述中都能表现出来。

只是考察利的含义还不足以证明这种好利恶害的欲利之性就可以成为人的本性。接着,我们考察韩非子为试图论证好利恶害的欲利之性为人的本性所做出的努力。

首先,韩非子试图在所有的事例中寻找这种欲利之性的存在以证明其普遍性。为此,他甚至选取一些非常极端的例子,以欲利之心来解释人类的各种情感。"此俱出父母之怀衽,然产男受贺,女子杀之者,虑其后便,计之长利也。故父母之于子也,犹用计算之心以相待也……"(《韩非子·六反》)父母子女之亲情为儒家理论之根本,韩非子对此进行猛烈抨击,认为父母用其欲利计算之心来对待子女,仅仅因为生女孩可能无法传宗接代、受人闲言就杀之,由此否认亲子之间的情感。"万乘之主,千乘之君,后妃、夫人适子为太子者,或有欲其君之蚤死者。"(《韩非子·备内》)君主的妻妾、儿子都会有希望君主早死的心,在韩非子看来,即使是夫妻、骨肉,依然无法逃脱欲利之性的算计倾向。文本中还有诸多例子,不再一一列举。韩非子大都选取一些比较极端的例子,用欲利之性的算计来解释其中的各种情感因素,或者说,将情感因素全部归结为利益算计。

但需要注意的是,这些例子都带有一定的或然性,即并不是所有的父母子女都会有这样的欲利计算之心。韩非子选择了最为糟糕的情况作为他的例子。在君主妻妾的例子中,我们可以注意到,韩非子使用的是"或有欲",而不是"皆有欲"[1]。其他例子也大多如此。所以,韩非子在这里做到的仅仅是尽可能多地在不同情况中找出好利恶害的欲利之性出现的可能性。但是这种可能性被韩非子无限夸大,由此认为这种欲利之性的倾向是人性的主要特征。此外,君主的公利显然不在他的讨论范围之内,君主之利似乎被排斥在人性论的讨论范围之外。

其次,韩非子通过历史环境或者外在条件的变化来解释人性呈现出的所谓"善恶"[2]都只是因为外在环境的不同,不变的只有欲利

---

[1] 正是因为这种可能性的描述,在韩非子的文本中,才会有大量篇幅用来阐述如何防备这种最坏可能性的发生。
[2] 这里很明显受到儒家荀孟性恶性善论的影响,韩非子竭力想要避开儒家对于人性的讨论。

之性。他以欲利之性消解了人们身上体现出的善恶。

"医善吮人之伤，含人之血，非骨肉之亲也，利所加也。故舆人成舆，则欲人之富贵；匠人成棺，则欲人之夭死也。非舆人仁而匠人贼也，人不贵，则舆不售；人不死，则棺不买。情非憎人也，利在人之死也。"(《韩非子·备内》) 这是韩非子对于欲利之性最为经典的描述。一方面，人们看似有善恶爱憎之分的行为，其实只是因为利益不同而已，是会根据实际情况有所转变的。帮别人治疗伤口，希望人富贵，看似是善，实际上只是有利可图而已；希望人死，看似是恶，实际上也只是图利而已。另一方面是历史条件的变化："是以古之易财，非仁也，财多也；今之争夺，非鄙也，财寡也。"(《韩非子·五蠹》) 上古时期人民数量少，财物、食物充足而无须争抢，自然轻视财物，并不是因为那时的人品德高尚，而只是因为财物对于自己的利益的影响程度很小。而韩非子所处的时代，人民数量多，财物稀少，所以就会表现得比较吝啬，并不是因为当代的人品德低下，而是因为不吝啬就会损伤到自己的利益。随着外在条件的变化，人性可能呈现出不同的状态，或善或恶，但我们可以看到的是，不变的还是那颗欲利计算之心。从这里就可以看出，善恶价值被韩非子用欲利之心消解了，善恶并不是人行为最根本的原因，人行为的根本原因在于好利恶害的欲利之性。欲利之性在各种外在条件的影响下可以表现出善或恶的外在行为。此处也可见人性在韩非子看来没有善恶之分，只是欲利之性在不同条件下呈现出的不同状态而已。欲利并非一定为恶，在一定的条件下，也可表现为善。

最后，不可忽视的是韩非子对待欲利之性的例外的态度。一个好的论证应该可以对不符合自己理论体系的特例做出一定的解释，但作为政治家的韩非子甚至没有想要去尝试从理论上解释这些特例，而是采取一种非常强硬的态度,采用刑戮来处理那些不符合欲利之性的人。"使小臣有智能而遁桓公,是隐也,宜刑;若无智能而虚骄矜桓公,是诬也,宜戮。"(《韩非子·难一》)如果臣子确实有才能却归隐不仕,应当加以处罚;如果臣子并无才能而在弄虚作假,应当杀头。总之,归隐的行为在韩非子的理论体系中是不容许出现的。因为按照欲利之性,人人都应该贪图权势钱财,想要做官。但是隐士不为钱财所诱惑,也不害怕刑罚,这与韩非子对于人性的预设相冲突。冲突之下,韩非子给出的回答是刑戮,一种暴力解决方式。"赏之誉之不劝,罚之毁之不畏,四者加焉不变,则其除之。"(《韩非子·外储说右上》)此外,韩非子在文中多次提醒执政者警惕那些不为赏罚利益所驱动的人:"若夫许由、续牙、晋伯阳……伯夷、叔齐,此十二人者,皆上见利不喜,下临难不恐,或与之天下而不取,有萃辱之名,则不乐食谷之利。"(《韩非子·说疑》)可见,韩非子明目张胆地给自己的人性观点提出多个反例,却又不加以解释。

我们回到之前所讨论的几种对韩非子理论的解读。先来看无善无恶的自然人性论,其主要观点在于人性存在一种好利恶害的本然状态且无关善恶。这种说法存在一定的问题。韩非子无法解释欲利之性中非常明显的例外。一个例外是君主的公利。作为一种人性论的学说,必然是针对所有人而不是特定的群体,而在韩非子的论述中,君主之利呈现出和其他人之利很不同的特质。但是在为欲利之性的普遍性辩护时,韩非子对君主之利只字未提。当然两种异质的利也很难同时普遍化。另一个例外是隐士。韩非子在多次提及隐士们所表现出的与欲利之性相冲突的行为时,未对这种例外何以出现给出任何解释。这透露出韩非子根本没有想去解释这一例外。如果韩非子真的持一种如张申先生所说的自然人性论,那么他至少应尝试为解决这些例外而做出努力。而韩非子不但不解释，反而在文中大肆讨论强调这些例外。这说明，他并未将好利恶害的欲利之性当作所有人都必然具有的普遍人性。因此，无善无恶的自然人性论对韩非子人性观点的评价是存在问题的。

再来看性恶论。该观点认为韩非子以欲利之性消解了亲子、夫妻间的情感因素，而人本身没有任何独立于环境的善的能力，任何时候仅以欲利计算之心来行动，这正是一种恶的表现。除开韩非子承认欲利之性有例外这一显而易见的反驳，性恶论的观点还存在其他几个问题。其一，韩非子本人确实没有在文中提及自己所持的人性观点是一种性恶论。蒋重跃也指出韩非子对人性不做道德评价。其二，即使在欲利之性的设定下，性恶的评价也是存在问题的。抨击韩非子人性论为性恶论的观点主要针对的是韩非子认为人性中只有好利恶害的欲利之性而没有独立于环境的善，而这种不能由自主意志做出善的选择的人性，为了利益可以不择手段牺牲任何其他情感的人性，本身就是一种恶的表现。但是，问题在于关于善恶的道德评价必须奠基于人有能力对善或恶做出分别的判断。性恶论的评价预设了人性可以对道德善恶进行判断。但在韩非子的人性观点中，这种道德善恶的分别本身已经被欲利之心所消解。依韩非子所言，人人只为欲利之心，道德善恶只是在外在条件的影响下表现不同而已。这种欲利之心，可善可恶，只看外在条件如何。"若如臣者，犹兽鹿也，唯荐草而就。"(《韩非子·内储说上》)他直接把人比作禽兽[1]，眼里心里只有利益二字。尽管我们仍然可以将整个趋

---

[1] 这里似乎就可以表现出韩非子文本中的诸多矛盾之处。之前所讨论的人具有动静思虑的特点，在这个比喻中完全被忽略，韩非子在这里集中强调欲利之心在人身上的体现。

利避害的行为判断为恶,但是在韩非子那里,这样的人性是无关善恶的。

韩非子的人性观点和荀子性恶论的不同之处亦可证明,韩非子的人性观点不同于通常意义上的性恶论。荀子的"人性"概念和"情""欲"等概念有相同的指涉[1],否定了"性"在形而上层面有独立的含义。这和韩非子的性概念大致上是相同的。在荀子看来,包括人的自然的感官欲望以及感官能力在内,它们都属于人的性,而且是无定向的、没有特殊规定的(徐复观,2001:206)。这看似和韩非子没有善恶预设的欲利之性十分相似,也有很多人据此认为韩非子的确具有某种意义上的性恶论倾向。然细究荀子论证性恶的过程发现,其和韩非子还是存在一定差异的。荀子主要从以下四个方面论证性恶(徐复观,2001:206-208)。第一,荀子认为耳目声色之欲,顺之则生淫乱,故为性恶。感官欲望的过度放纵会导致恶的产生。第二,行为上的善和人性本质并非不可分离,人的善行常常和人的欲望是相反的,所以人性本身是恶的。第三,人们都欲求善行,正好证明了人性本恶。正因为缺少本性的善,所以人人才去寻求善。第四,从结果上论证,如果人性本善就不需要圣王和礼仪的教导。既然我们现在仍然需要圣王和礼仪的教导,就间接证明了人性恶。可以看到,荀子并没有直接论证人欲之性就是恶的,而是通过因顺人欲的后果和侧面反推的方式证明人的性恶。韩非子与其最大的不同在于,荀子的人性恶是普遍的、没有例外的,而韩非子好利恶害的欲利之性是有例外的、非普遍的。荀子在其著作中明

---

[1] "荀子虽然在概念上把性、情、欲三者加以界定;但在事实上,性、情、欲,是一个东西的三个名称。而荀子性论的特色,正在于以欲为性。"(徐复观,2001:205)

确开出一篇来论证性恶，尽管论证效力有待商榷，但仍然表现出其论证性恶的主观意愿；《韩非子》全书中从未出现过明确的对于人性恶的表述，行文过程中也是紧扣维护君主统治、富国强兵的主题，并未将人性作为论证主线。荀子将因顺人欲的后果视为性恶的证据；韩非子则认为即使因顺人欲也不一定表现为恶，在一定的外在条件下，人欲亦可表现为善[1]。故此，韩非子的人性观点至少和传统以荀子为代表的性恶论存在一定的差异。

虽然对上述两种观点进行了反驳，但是必须承认的是，尽管文本无法为好利恶害的人性论做出全面的支撑，但是好利恶害的欲利之性仍然是《韩非子》全书的一个主要倾向，也是其政治措施的人性基础。为何韩非子在明知自己的人性主张存在缺陷的情况下依然对此大力宣扬？这一问题将在后文进一步讨论。

三、智性

除好利恶害的欲利之性外，韩非子也在文中提到人具有一种智性。回到原文的叙述中，"夫智，性也"（《韩非子·显学》）是最为直接地指出智为人性的一句话，韩非子说出这句话意在证明谈论先王的仁义道德[2]是没有用的，就好像要教人聪明和长寿一样，是人的天性，是不能教、不能学的，有法度的君主是不会接受仁义治国的说法的。这种"智"是人生而有之、不可更改、不可后天习得

---

[1] 韩非子并未明确说明人欲在一定情况下可以表现为善，此为笔者按照文意推测。
[2] 这里将仁义道德和聪明长寿类比，说明是人的天性，不可教。这就体现出韩非子文本的矛盾之处了。仁义道德也如天性一般不可教、不可学，似乎就与欲利之性存在着一定的冲突。

的，也就是人的"性"。

那么"智"，在韩非子看来究竟指向什么呢？

"智"在《韩非子》全书中的含义较多，且含义之间还存在着一定的冲突。大致有以下六种含义。

第一，在治国理政方面的才能之智。"以至智说至圣，未必至而见受，伊尹说汤是也。"(《韩非子·难言》)最明智的臣子向最圣明的君主进言也未必会被接受。这里，智即为一种国家治理方面的才智，而这种才智是可以经过学习达到的，人并非生来就会理政。

第二，用"智士"来指代法术之士，即主张法治的人。"是智法之士与当涂之人，不可两存之仇也。"(《韩非子·孤愤》)通晓法术的人和掌权的人一定是势不两立的仇敌。这里的智就非常狭义了，即奉行法术，而这显然也并不是人的一种天性。

第三，投机取巧之智，这种智与法制相对立，会对法治产生威胁，类似于老子绝智弃巧的说法，韩非子在此处对这种智多采取消极态度。"好以智矫法，时以行杂公，法禁变易，号令数下者，可亡也。"(《韩非子·亡征》)这里的智就直接表述为用自己的小智谋去改变法制，并强调这一行为后果的严重性。类似的表述还有很多，大多流露出韩非子对这种利巧之智的厌恶。这和前面所提到的智的含义就产生了明显的冲突。

第四，单纯智力上的智慧。"微妙之言，上智之所难知也。今为众人法，而以上智之所难知，则民无从识之矣。"(《韩非子·五蠹》)深妙玄奥的言辞，就是智慧极高的人也难以理解，更何况那些普通百姓。这里的智就符合我们一般意义上所说的智商层面的指向了。

第五，行为合乎法制规定，致力于国家利益，可称为智。"卑主之名以显其身，毁国之厚以利其家，臣不谓智。"(《韩非子·有度》)这里是从反面的意思来说的，反过来就是维护君主的声誉，不为私利侵犯国家的财富，这样才是智的。

第六，指代人的思虑能力。"聪明睿智，天也；动静思虑，人也……托于天智以思虑……思虑过度，则智识乱。"(《韩非子·解老》)这里的智倾向于人生来就有的一种思考的能力，但是这种智识不可使用过度，否则就会造成智识的混乱。稍加推断，如果过度使用自己的智识，其就会转变为投机取巧、为法制所不容的智了。

由此可知，韩非子所言的智，更多指向经验层面的治国理政、聪明智慧、审时度势、奉行法制或者投机取巧等方面，更像是对人的行为表现的一种形容或者刻画，这样的状态就叫作智。唯一能够指向天生智性的含义来自《解老》篇里的说法，即一种思虑的能力，一种理性的思考能力，但是也不宜过度。

再回到之前关于性智论的观点，宋洪兵（2019）认为这种人性之智是会指向人性向善的一种可能性的。关于理性思考的含义只能从《解老》篇中获得，而在其他具体的论述中，韩非子都没有表露这种智性在向善层面上具有推动作用，甚至连仅仅强调理性思考的含义都很少出现。那么，我们似乎有理由相信，对于韩非子来说，智性并不是其人性论中的重要内容，至多只是强调人有这样一种思虑能力，仅此而已。

但是，在关于智性的讨论中，我们可以看到韩非子承认人还是具有一定智慧之性的，可以进行理性的推理计算，这同时是在为其欲利之性做补充。正是因为有了理性计算的能力，人们才可以根据外在条件的变化来推理计算自己所得利益，才可以适应欲利之性基础上赏善罚恶的统治秩序。所以，韩非子关于智性的叙述很大程度上是服务于对欲利之性的说明的。

四、政治视角下的人性

人性,通常指人普遍具有的稳定一致的内在本质。只有关于这样的本质的理论,才可以说得上是一种人性论。

人性论这一话题最早由孔子的"性相近也"(《论语·阳货》)提出,此后儒家对此也讨论不断,以孟子和告子关于性善的辩论最为突出,之后宋明理学发展了孟子的性善论,将人性和天理联系在一起。后世学者在讨论人性论这一话题时总会处于儒家的影响之下。上文中讨论的自然人性论就很明显受到了告子无善无恶人性论的影响,而性恶论的观点则从孟子性善论的反面考虑,认为不具有孟子所说的善的倾向就是性恶。

有理由认为韩非子并非在构造一种人性论,而是在着力为政治效率找到一种切实可依据的人性特征或者倾向。从此视角出发,上文所提到的许多矛盾都可以得到解释。

首先是人性观点的非普遍性和君主之利的特殊之处。人性,必须是所有人普遍具有的性质。韩非子对无论是"利"还是"智"的解释中,都存在异质的内容,而作为保证政治运作的人性观,就不需要这种普遍性。君主之利和臣民之利存在差异是不需要解释的,因为整个人性观点都服务于君主的政治管理,管理者需要关注的是被管理者的人性特征。所以君主之利作为一种例外,并不需要韩非子加以特别的关注。韩非子也可以明目张胆地指出欲利之性的例外,因为这些例外毕竟是少数,只要提醒君主注意这些不符合政治秩序的人,及时处理即可,对整个国家的政治秩序无伤大雅。其最终目的并不是要论证一个普遍的人性本质。此外，韩非子每在文本中提及某种人性特征之后，几乎都会补充如何在治理上加以利用，而学者在评述韩非子人性观点时常常忽略后半句。例如，"人情者，有好恶，故赏罚可用"（《韩非子·八经》），"夫民之性，恶劳而乐佚。佚则荒，荒则不治，不治则乱，而赏刑不行于天下者必塞"（《韩非子·心度》），等等。以上足以证明韩非子的人性观点是服务于其政治目的的。

其次，在政治视角之下，韩非子消解善恶评价的倾向可以得到更好的理解。正是出于提高施政效率的政治目的，韩非子才会刻意地扩大欲利之性在人性中的可能性，突出人性好利的这一侧面，把坏的可能性无限扩大，因为他要构造的是一种底线思维模式，设想最坏的情况，因为政治效率要求一种确定性，只有设想最坏的情况才可能确保政治秩序最大限度上的稳定。在韩非子其他观点的论述中也可见这种思维。"明主虑愚者之所易，以责智者之所难。"（《韩非子·八说》）聪明的君主会选择最笨的人也能轻易完成的事情，而不是去为难那些聪明人，放在人性上也是一样。已经预想到人性最坏的一面，并设定相应的政治措施，那么人性这一因素就很难对政治措施产生比较大的不可预测性。由此，才呈现出我们所看到的以好利恶害的欲利之性为主导的人性观点。至于性恶论观点集中抨击的韩非子以欲利之性消解道德情感，也可做出如下解释：并不是因为道德情感不好，而是一旦在人性中加入道德情感的因素，整个建立在此人性基础上的政治措施就会有极大的不可预测性，因为把握人的道德情感倾向毕竟要比把握人性的最坏可能性更加困难。正是这样的考虑，才促使韩非子对人性特征的描述呈现出倾向于性恶的一面。由此可见，韩非子并非要塑造一种人性论，而是寻求更有效描述社会现实和预测社会现实的人性方面的理论支撑。

故此,我们在讨论韩非子的人性观点时,不可忽视其强烈的政治导向。在加入政治因素后,会发现似乎并不能对韩非子的人性观点进行简单的性善性恶的区分,而更应该从政治施设的角度去理解韩非子这种对人性特征描述的原因。

五、结语

综上所述,无善无恶的自然人性论、性恶论、人情论以及性智论等都在一定程度上向我们展现了韩非子对人性特征的看法的某一方面。但在对韩非子文本进行考察之后,可以发现,韩非子对人性的看法并没有想象中那样融贯,尽管大致上呈现出好利恶害的欲利之性,但总有些许明显的例外和概念的异质性无法解释,而韩非子也并不尝试去解释。最后,本文从韩非子的政治性目的出发解释了其人性观点中存在矛盾的地方,并指出他并不试图去构造一种一贯的人性论,更多是在为政治措施服务的目的下寻找人性最可预测社会现实的倾向或是特征。因此,我们可以这样描述韩非子对人性的看法:政治施设目的下,预设好利恶害的欲利之性这一人性特征,最可提高预测社会现实的效率,最符合政治秩序的要求。

致谢

感谢秦际明老师对本文的指导。感谢《哲学评鉴》的匿名审稿人和编辑对本文的建议和详细修改。

参考文献

陈乔见：《公私辨：历史衍化与现代诠释》，生活·读书·新知三联书店2013年版。
《韩非子》，高华平、王齐洲、张三夕译注，中华书局2015年版。
蒋重跃：《韩非子的政治思想》，北京师范大学出版社2010年版。
钱穆：《论语新解》，九州出版社2011年版。
宋洪兵：《善如何可能？圣人如何可能？——韩非子的人性论及内圣外王思想》，《哲学研究》2019年第4期，第72—81页。
王晓波：《"凡治天下必因人情"——先秦人性论与韩非的政治思想》，《国学学刊》2019年第1期，第63—73、142—143页。
徐复观：《中国人性论史·先秦篇》，上海三联书店2001年版。
《荀子》，方勇、李波译注，中华书局2011年版。
张申：《韩非是性恶论者吗？》，《吉林师大学报（哲学社会科学版）》1979年第3期，第86—94页。
佐藤将之：《〈荀子〉的人"性"论是否为〈韩非子〉"人"观的基础？》，《陕西师范大学学报（哲学社会科学版）》2017年第4期，第104—117页。

Title: Human Nature from the Perspective of Han Feizi

Abstract: Han Feizi's humanity thought is not derived from Xun Zi's view of evil humanity. In recent years, scholars have also rejected Han Feizi's view of evil humanity from the distinction between "nature" and "emotion", textual research and other aspects. Through textual research and reasoning, we can find that Han Feizi's desire for profit dispels the possibility of judging the good and evil of human nature. Under different external conditions, the desire for profit can make people show different behavior of value tendency, but what remains unchanged is the desire for profit, which has no value judgment. However, it can be found that this desire for profit is more of a kind of personal profit when applied to common people, and more of a kind of collective justice or common profit when applied to the monarch. The human nature of a monarch seems to be different from that of other subjects and common people. At the same time, the examples used by Han Feizi in describing the nature of desiring for profit are all extreme examples after exaggeration. In order to remind the monarch, Han Feizi also has no qualms in expatiating a large number of instances that do not conform to the nature of desiring for profit. This paper tries to give a coherent answer to the above contradictions from the perspective of political utility. And I try to demonstrate that Han Feizi is not trying to construct a theory of human nature, but trying to find a kind of human nature's characteristic or tendency that can be proved to improve political efficiency, that is, the tendency of desiring for benefit and detesting harm.

Keywords: Han Feizi; natural theory of humanity; theory of evil humanity; theory of intelligent humanity; desiring for benefit and detesting harm

戴维森反对动物信念[1]

李易知[2]

摘 要：唐纳德·戴维森在其论文《理性动物》中提出了如下著名论题：（非人）动物不能拥有信念。本文将重构戴维森为这一论题提供的各种论证，并将他的观点与相关的当代动物元认知研究结合，以详细考察动物不能拥有信念论题的可靠性。本文的结论是，在默认动物没有语言的前提下，戴维森的论证经过补充后可以支持他的论题。

关键词：唐纳德·戴维森；动物信念；动物认知；元认知

唐纳德·戴维森在其论文《理性动物》中提出了他的著名论题：（非人）动物不能拥有信念（Davidson, 1982）。这个论题不仅涉及人类与其他动物的关系，对我们是否应当将动物当作人类道德行为的负责对象有重要意义；还涉及人类思维和动物思维的区别或

---

[1] 收稿：2020年9月29日；首次修回：2020年12月9日；末次修回：2021年12月21日；录用：2022年1月23日。
[2] 李易知，波鸿大学哲学系博士研究生，主要研究认知科学哲学、心灵哲学，尤其关注走神（Mind Wandering）。电子邮箱：yizhiyizhi024@gmail.com。

人类思维本身的特质。通过对戴维森相关论述的研究，我们能够更好地理解这一问题的复杂性，从而加深对动物和人类思维的认识。

戴维森为他的论题提出了许多论证，主要包括以下几种：内涵语境论证（intensional context argument）、整体论论证、语言论证（the language argument）、内容固定论证（the fixing content argument）。在第一部分中，我将讨论关于整体论和内涵语境的论证。在第二部分中，我将检查语言论证的第一点，即信念的概念论证（the concept of belief argument）[1]。我将部分地接受信念概念论证，并拒绝该论证的另一点（三角测量论证1）。在第三部分中，我将检查内容固定论证（三角测量论证2），并拒绝这一论证。在第四部分中，我会引入两种有代表性的反对动物元认知（metacognition）的当代观点，并且讨论它们和戴维森的观念之间的关系，考察这两种观点是否可以支持戴维森的论证。我的结论是，如果动物没有语言，那么戴维森的论题是对的：动物不能拥有信念。

一、整体论论证和内涵语境论证

在这一部分，我将介绍和评估戴维森反对动物信念的整体论论证和内涵语境论证，并指出它们都不能真正反驳动物拥有信念的论题。

---

[1] 由于篇幅限制，本文将搁置语言论证的第二点，即关于动物是否有语言的论证，并暂时假设论证成立（动物没有语言）。因为这部分论证的效力很大程度上取决于经验研究而非概念分析，而部分相关研究者［如后文中的贝穆德斯（Bermúdez）］，尽管尚无定论，也倾向于认为动物没有语言。

戴维森持有关于心灵的整体论（Davidson，1982，1999）。根据这种观点，心灵的不同方面互相依赖：信念、欲望、意图和其他命题态度互相之间紧密关联。因此，要确认（identify）一个信念就是要"在一个相互关联的稠密信念网络中"[1]给出它的定位（Davidson，1982：320）。例如，我有一个信念："明天合肥将会下雨。"为了拥有这个信念，我必须拥有许多与之相关的信念，比如，我必须持有"什么是明天""什么是雨""什么是合肥"等信念。尽管我无法列出一个最终的、固定的关联信念清单（凭借它们我才可以理解"明天合肥将会下雨"这一信念），但可以确定的是，只有当我拥有一系列相关信念之后，"明天合肥将会下雨"这一信念才能有确定的内容。对戴维森来说，相互依赖的关系不仅仅存在于信念之间，而且也存在于信念和诸如欲望、意图等评价性态度（evaluative attitudes）之间。如果我意图在麦当劳买一个汉堡，至少我要有买汉堡的欲望，还要有关于麦当劳出售汉堡的信念。正是因为这种信念—欲望对子，我才有理由采取有意图的行动。反过来说，拥有评价态度也是一个人拥有信念的前提条件，因为，根据戴维森的说法，"能导致行为、能被行为证明是信念的本质性的方面"（Davidson，1999：9）。

根据这种心灵的整体论，我们是否能够归属给动物特定的信念，比如归属给一只狗"那只猫在那棵橡树上"的信念？似乎很难想象我们能给狗归属一个由"橡树"之类的概念组成的单一信念，因为直觉上我们似乎很难相信狗像人一样拥有一个与树、橡树、猫之类的概念及信念相关的无穷复杂的信念网络。如果狗或其他动物

---

[1] 本文中的所有引文均由笔者翻译。

没有这个复杂的信念网络，那么根据戴维森的想法，它们也就不能拥有信念。这是戴维森反对动物信念的整体论论证。

另外，戴维森还认为，信念归属的一个重要特征是其可以创造内涵语境（Davidson，1982：320）。也就是说，当我们将某个信念归属给一个信念主体时，表述信念内容的 that 从句中的一个词项如果被替换为一个它的共指称词项（co-referential term），进行信念归属的整个句子的真值可能会发生变化。例如，李雷相信，《黑客帝国》的导演正在拍一部新电影，但他并不知道《黑客帝国》的导演是沃卓斯基。那么，我们不能说：李雷相信，沃卓斯基（"《黑客帝国》的导演"的共指称词项）正在拍一个新电影（因为李雷并不知道沃卓斯基就是《黑客帝国》的导演）。如果我们归属给狗一个信念，"那只猫在那棵橡树上"，我们是否也能归属给这只狗另一个信念"那只猫在最老的树上"（如果那棵橡树正是最老的树）？对于这样的问题，戴维森的回复是："很难让这些问题有意义。"（Davidson，1982：320）这是因为，似乎我们无法考察信念归属的内涵语境这一重要特征是否存在于"动物信念"（如果动物有信念的话）当中。戴维森又强调，当我们抛弃了内涵语境这一信念归属的重要特征但仍然使用诸如"相信"之类的词语时，我们并不是真的在进行信念归属（Davidson，1982：320）。因此，尽管日常语言中我们或许习惯于诸如"这只狗相信那只猫在那棵橡树上"之类的表达，但这最多只是一种拟人化的说法，而不是真正的信念归属，不能表示狗或其他动物真的拥有信念。这是戴维森反对动物信念的内涵语境论证。

尽管上述关于心灵整体论的论证和信念内涵语境的论证会让戴维森反对动物信念的论题有一些直觉上的吸引力，但仅仅凭借它们自身，并不能直接构成对动物信念的反驳。除非动物确实不能拥有信念的网络，或者信念的内涵语境在动物信念归属中确实不存在，我们才能拥有反对动物信念的完整论证。然而，我怀疑我们是否真的能确定狗没有信念网络，也许狗确实有，只是并不像人类的信念网络那般复杂。令人直觉上可疑的似乎只是狗能拥有人类般无穷复杂的信念网络，而不是狗能拥有信念网络。戴维森没有给予我们任何经验证据或其他论证来证明动物确实没有信念网络。因此，反对动物信念的整体性论证并不完整。另外，那些关于动物的、涉及改变共指称词项的问题（如"我们是否能赋予狗一个信念，那只猫在最老的树上"），对我们来说确实是很难回答的（或如戴维森说的，要求回答这类问题没有意义），但我们的无能为力本身不意味着"动物信念"的内涵语境不存在。出现这类困难的原因可能首先在于这里存在着一种跨物种的他心问题，人类难以通达动物心灵。从我们无法知道动物是否拥有信念网络和内涵语境并不能推出它们不存在。只要我们无法最终确定动物究竟是否拥有信念网络以及信念的内涵语境，上述论证就不能真正反驳动物信念。

二、信念的概念论证

尽管关于内涵语境的论证和心灵整体论的论证不太有说服力，但我认为戴维森也并没有想要只凭借前两个论证证明他的论题，那两个论证不如说是向我们展示动物信念这一问题的复杂性。我将他最主要的论证称作语言论证，它可以被重构如下（Glock, 2017: 91）：

第一部分：信念的概念论证

A1　拥有信念须要拥有信念的概念。

A2　拥有信念的概念须要掌握语言。

A3　因此，拥有信念须要掌握语言。

第二部分：动物语言论证

动物没有语言。

拥有信念须要掌握语言（A3）。

因此，动物没有信念。

在本文中，我将集中讨论这个论证的第一部分，并且搁置第二部分涉及动物是否真的拥有语言的论证。在此部分的第一点中，我将验证前提 A1 并接受其有效性，而在第二点中，我将反驳前提 A2。

（一）A1：拥有信念须要拥有信念的概念

戴维森坚持，一个生物如果没有（关于）信念的概念也就不能拥有信念（Davidson，2001：170）。为了理解这一观点，我们必须首先弄清戴维森所说的（关于）信念的概念（the concept of belief）是什么意思。戴维森有时会用不同的术语指代（关于）信念的概念，如（关于）错误的概念、（关于）客观性的概念等（cf. Myers & Verheggen，2016：12）。戴维森认为，一个信念必须能够是真或是假[1]，而知道"信念必须能够是真或是假"就是持有了"一个关于信念的信念"（Davidson，1982：326）或信念的概念。并且，理解信念的概念就是理解主观和客观的区别或错误的概念（当主观和客观不符合的时候，就产生错误或假信念）以及真的概念。值得注意的是，信念的概念作为关于信念的认知，涉及元认知（或关

1　见 Davidson，1995：207："在我使用词语时定义了思想的是命题内容，而定义了命题内容的是真或假的可能性：一个命题内容拥有真值条件，即使它既不真也不假。"

于认知的认知）能力，我将在第四部分探讨这一点和动物信念的关系。

尽管戴维森在许多论文中不断重复论题 A1（拥有信念须要拥有信念的概念），但他对这一论题的论证是什么似乎并不那么明确，让我们先来看看格洛克（Glock）对戴维森的论证的重构：

（1）一个信念就是一个能够是真或是假的东西；

（2）aBp（a 相信 p）=>a 能够在相信 p 时犯错；

（3）aBp =>a 能够识别（recognize）他在相信 p 时犯错了；

（4）aBp =>a 拥有错误的概念（即关于信念的信念或信念的概念）。（Glock, 2000: 54）

格洛克的论证开始于信念的一个本质特征，即（1）信念是可真可假的东西。（2）如果一个生物可以拥有信念，原则上必须能够拥有错误的信念。这两步争议不大，但从（2）到（3）却值得质疑。如格洛克所说："戴维森并没有说所有信念都是有自我意识的（即一个生物只能在相信其相信 p 时，才能相信 p）。"（Glock, 2000: 55）如果信念不是必须有自我意识，那么信念是可错的并不蕴含一个拥有错误的信念的生物能够知道那个信念是错的（或是可对可错的）。[1]

如果这就是戴维森对信念的概念论题的论证，那么我们显然没有理由接受它。然而我认为他对整个论题的论证要比格洛克重构的

---

[1] 格洛克认为，戴维森还有另一个论证来支持（3），即来自惊讶的论证（Glock, 2000: 55）。囿于篇幅，这里只能简单讨论。和洛思斯基斯（Roskies）的观点一样，我认为惊讶的现象是和信念的概念拥有"共外延（coextensive）的行为标志"（Roskies, 2015: 9）。用它来证明（3）是没有帮助的，因为没有什么好的理由认为拥有信念，必须要可以惊讶，除非惊讶的现象是信念的必要条件。但戴维森或格洛克都没有给我们任何相关的论证。

更加复杂和可信。下面我将重构戴维森的这一论证。

戴维森认为，信念由概念构成。因此，要拥有信念，"就必须掌握涉及这一信念或判断的概念"（Davidson, 1999: 8）。并且，他坚持区分（discrimination）和概念化（conceptualization）的差别。进行区分的能力遍及动物世界（Davidson, 1995: 208），但拥有概念还需要一些别的东西：

> 能够区分出猫和拥有猫的概念并不是一回事。只有你能误用猫的概念，只有你能在某物不是猫的情况下相信或判断它是猫，你才能称得上是拥有这一概念。（Davidson, 1999: 8）

这个关于概念和信念的说法告诉我们，概念和信念作为意义的载体拥有一个规范性的维度。[1] 博格西安（Boghossian）将意义的规范性观点总结如下：

> 表达意味着做某事，这一事实隐含着一系列关于这一表达的我的行为的规范性真理，即我将它使用于一些对象时是正确的，而用于另一些对象则不正确……意义的规范性意味着……有意义地表达包含正确使用的条件。（Boghossian, 1989: 513）

为了信念和概念的内容有意义，使用它们的正确性条件必须存

---

[1] 这一点也涉及戴维森的整体论，见（Davidson, 2004: 93）："但是作为因果倾向（disposition）的诸信念是通过它们互相之间的联系以及和世界中的事件与对象的联系被具体化的，并且，在对这些联系和个别信念的确认之间的关系的判断中，规范必然要被应用。"

在。也就是说，要拥有一个概念，比如拥有关于猫的概念，必须不仅仅能够区分一只猫，还要能知道猫的概念的"正确使用的条件"，以便能够根据这一正确性条件来使用它。我认为，戴维森对于区分和概念化之间的差别的坚持，正是因为他坚持概念的规范性，或坚持掌握概念就是掌握概念的正确与错误的使用，或者掌握关于错误的概念。前文已经提及，戴维森混用关于错误的概念和关于信念的概念，他认为二者是等同的。所以，掌握概念本身要求掌握信念的概念。我将戴维森的论证重构如下：

（1）拥有信念必须拥有概念：信念是由概念构成的，要拥有信念，必须掌握相关的概念。

（2）拥有概念，意味着拥有关于错误的概念或关于信念的概念：拥有一个概念就是能够使用它[1]；要能合适地使用概念，必须掌握概念使用的正确性条件；掌握概念使用的正确性条件，意味着主体必须能够分辨概念的正确使用和错误使用；能够分辨概念的正确使用和错误使用，必须已经拥有关于错误的概念；因此，为了拥有概念，必须拥有关于错误的概念或关于信念的概念。

（3）因此，要拥有信念，必须拥有信念的概念。A1（拥有信念须要拥有信念的概念）是正确的。

这一论证足以支撑戴维森的 A1 论题，即拥有信念须要拥有信念的概念。然而一些学者可能会责难 A1 论题与经验证据不相符（Newen & Bartels, 2007）。例如，根据发展心理学的研究，儿童

---

[1] 关于这一点，见 Ludwig, 2013: 75: "一个关于拥有概念的更普遍的要求：在一个思考者的经验中必须存在让其展现其对概念的应用条件的把握的机会……这个观点至少可以追溯到康德的思想，自我意识的经验的可能性需要在经验中运用特定的普遍概念，这同时是对概念自身的确定拥有的条件。"

在四岁之前就已经拥有信念，并且能够和其他人进行语言交流，但他们不能通过错误信念测试（Perner et al., 1987），这意味着他们并不拥有信念的概念。然而，这些经验研究自身就有很大争议。例如，来自尾西健（Onishi）和巴亚热昂（Baillargeon）的研究展示了十五个月大的婴儿基于对他人信念真假的判断，成功预测他人的行为，这意味着十五个月大的婴儿已经对错误信念或假信念拥有认知（Onishi & Baillargeon, 2005），因此可能已经拥有信念的概念。另外，如果对A1的论证确实是正确的，那么即使年幼的儿童不能理解错误信念，我们应该考虑的也是他们是否真的拥有如普通成年人类那样的信念。经验数据本身无法直接反驳戴维森对A1的论证。

意义和概念的规范性的论证给A1提供了很好的支持，因此我认同戴维森的信念的概念论题，即拥有信念须要拥有信念的概念。

（二）A2：语言论题——三角测量（1）

为了支持A2（语言论题），信念的概念须要语言，戴维森提出了三角测量论证。正如很多注释者已经发现的那样，戴维森的文本中有两种三角测量论证。第一种是为了展示只有能够与其他说话者进行语言交流的生物才能拥有信念的概念，第二种是用来展示只有语言三角测量才能给予我们的思想固定的内容。在此，我将检验戴维森的第一种三角测量论证，第二种将在第三部分讨论。

所谓"三角测量"是通过从已知的点和其他相关数据构造三角形来确定另外一点的位置的测量方法。戴维森把它当作一个类比来展示只有在语言交流的语境中，我们才能拥有信念的概念。简单来说，当一个生物和另一个生物对同一个对象做出反应，并且生物之间也相互做出回应，那么其就处在三角测量中。在《理性动物》

中，戴维森以如下方式介绍他的三角测量类比：

> 如果我被拴在了地球上，我没有任何方式去确定许多对象和我之间的距离……我没有办法给予"它们在哪"这一问题内容。不被拴住，我就能自由地去进行三角测量。我们对客观性的意识是另一类三角测量的结果，它需要两个生物。每一个都与（同）一个对象交互，但只有被语言构造的两个生物之间的基准线才能给予其两个事物客观上是如何的概念。（Davidson, 1982: 327）

戴维森认为，通过三角测量，我能够拥有信念的概念（或客观性的概念），但这一三角测量必须是语言性的：

> 如果我们不与他者交流，那么无论是在我们说的话中还是在我们的思想中，就没有什么能够奠基犯错的观念，或者，做对了的观念。（Davidson, 2003: 83）

犯错或做对了的观念就是信念/错误的概念[1]。我将戴维森的这种三角测量论证总结如下：

第一部分

B1 如果主体拥有信念的概念，那么主体知道真和假的对立。
B2 如果主体知道真和假的对立，那么必然存在一些情况使

---

[1] 如已经提及的，信念的概念也即错误的概念或客观性的概念，戴维森在不同语境下用不同的词语表达本质上同样的意思。

主体能够知道这个对立。

B3　因此，如果主体拥有信念的概念，那么必然存在一些情况使主体能够知道真和假的对立。

第二部分

B3　如果主体拥有信念的概念，那么必然存在一些情况使主体能够知道真和假的对立。

B4　语言性三角测量能使主体知道真和假的对立并知道信念的概念，且只有语言性三角测量可以。

B5　语言性三角测量须要语言。

B6　因此，如果主体拥有信念的概念，那么主体必然要拥有语言。

在第一部分中，B1已经讨论过了，信念的概念就是错误的概念，知道信念的概念必然知道概念正确和错误，也就是知道真和假，可以接受为真。B2也很容易接受。因此，B3可以接受为真。在第二部分中，B5显然为真。所以，整个论证是否正确取决于B4。

在我们考虑语言三角测量是否为拥有信念的概念的必要条件之前，应当先看一看戴维森为什么认为语言三角测量能带来信念的概念。这一想法并不复杂，假设有两个说话者，他们可能对同一个对象持有不同信念，当他们相互交流时，就会发现他们拥有不同的信念，并且尝试解决这个分歧。这会使他们意识到其信念可以彼此不同，因此也可以不同于事情本身所是的样子。所以，语言三角测量能使一个生物拥有信念的概念看起来很可信。但是，没有语言三角测量，我们是否就不能拥有信念的概念了？费尔赫根（Verheggen）设想了一个有趣的"孤立者场景"来验证戴维森的想法：

> 她【从未与其他动物交互过的孤立者】[1]总是能有规律性地在某棵树上找到黑莓，但有一天却没有找到，因此她经验到沮丧。也许有人会争论，这一类经验将会把她放入一个可以拥有客观性的概念的位置，因为根据假设，她会意识到她关于树上有什么的信念是错的，还有她所相信的和真实情况之间存在差别。（Myers & Verheggen, 2016: 22）

根据这个设想，孤立者能够以环境为背景与她自己交互而拥有信念的概念。如果确实是这样，那么B4就一定是错的，因为孤立者没有经历三角测量。但是费尔赫根并不这样想：

> ……有什么理由认为她拥有的思想是关于同一棵树的？……要点在于，无论她是怎么想的，那是同一棵树或不是同一棵树，仅根据她自己，都将会是对的。然而，她在正确和错误之间画的线对她来说也将总是对的。没有任何方法让她能够客观地做这件事。（Myers & Verheggen, 2016: 22）

费尔赫根认为，孤立者似乎没有标准来判断自己认出的是不是同一棵树，如果她给自己设立一个标准，她也没有办法判断这标准是不是对的，在这种情况下她可以觉得自己"总是对的"，因为没什么客观标准让她可以认为自己是错的。所以，费尔赫根相信，为了拥有信念的概念，孤立者必须能够客观地区分正确和错误。对引文中"客观"一词，我们仅仅需要做最低限度的理解即可，即客观

---

[1] 【】内的说明是笔者自己加入的。

意味着至少能够超出以她一个人的思维为根据对事物进行判断；相应地，主观意味着只能以其自身的思维为根据进行判断。但为什么主观的区分不足以让她拥有信念的概念呢？[1] 也许费尔赫根认为，概念和信念的正确性条件必须被客观地确定。孤立者没有任何可靠的标准去判断她所使用的概念是否保持了一致的意思，也不可能确定她在时间流逝之中能够对一个概念持有同样的正确性标准。如果她不能为概念确定正确性标准，那么她确实就不能拥有任何概念，也就不能拥有信念。

我将不会在这里全面评价费尔赫根的论证。但是，即使我们假设费尔赫根是对的，孤立者不能通过和她自己交互获得信念的概念，那么似乎语言三角测量中也会发生同样的问题。

在费尔赫根的设想中，孤立者预期在那棵树上会有黑莓，最终只经验到沮丧。但她并不能理解她错了，因为作为一个孤立者，她不能拥有错误的概念（信念的概念）。我们可以想象另外两个场景。在第一个场景中，假设孤立者相信那棵树上有黑莓，并且她知道在那棵树下有一颗奇怪的石头。一天，当她想去摘黑莓的时候，她将会预期"那棵黑莓树下将会有一颗奇怪的石头"。但当她走近那棵树时，她会发现，树下根本没有什么石头。这时，她将会经验到奇怪（如果不是沮丧的话）。根据假设，孤立者在这个场景中不能拥有信念的概念。在第二个场景中，假设有另一个人和"孤立者"（在这个场景中，她实际上不再是孤立者了）生活在一起。当

---

1 参考 Ludwig, 2013: "……一个生物在它的经验中拥有机会和行为应用这些概念，这被理解为要求正确的应用或者只是从生物主观的视角看起来正确的应用……例如，为什么一个缸中之脑就不在一个，如我们一样的，能够拥有概念的好的位置呢？"

他们想要一些黑莓的时候，孤立者将预期"他（另一个人）将会和我一样相信那棵树上有一些黑莓"。如果另一个人的语言行为展示出他相信"那棵树上没有黑莓"，那么孤立者将感到奇怪。让我们考虑一下，这两个场景到底有什么区别？在第一个场景中，孤立者、石头、树共同构成了一个"三角形"，因为孤立者将石头和树连接在一起了（她认为树下应该有颗奇怪的石头）。所以，孤立者会拥有一个预期，接着因为预期落空而感到奇怪。在第二个场景中，孤立者、另一个人和树也共同构成了一个"三角形"，并且孤立者有一个很相似的奇怪经验。从孤立者的角度来看，两个场景的差异仅仅在于预期的内容不同。第二个场景中石头被替换成了一个人（一个语言动物），但是无论在第一个还是第二个场景中，如果孤立者还没有客观性的概念（信念的概念），她归根结底都只是以一些对象为背景（不管这些对象是人和树，还是石头和树）与自己交互，在没有客观性概念（或信念的概念）的情况下，这些对象不会被当作外于她的心灵的事物，她只能根据自己的思维进行判断。在这种情况下，这些对象是否能够进行语言交流并不重要。因此，如果孤立者不能通过和自己交互获得信念的概念，她也不能通过语言三角测量获得信念的概念。洛思基斯清楚地看到了这一点："为了我能够与他人进行三角测量，我必须首先将他人看作外在世界的一部分，对立于我的心灵中的要素。只要另外一个人仅仅被当作我自己看事物方式的一部分，那么他永远不能承担第二人的角色。"（Roskies, 2015: 9）也就是说，如果孤立者没有首先已经区分她自己的主观想法以及独立于其心灵的外部世界，没有首先已经把另一个人当作对立于她的主观性的客观世界的一部分（也即没有首先已经拥有信念的概念），三角测量就根本不能发挥作用。

所以，如果孤立者能够拥有信念的概念，那么 B4 是错的，没有三角测量也可以获得信念的概念；如果孤立者不能拥有信念的概念，那么仅仅凭借三角测量，孤立者无法获得信念的概念。因此，三角测量不能使主体获得信念的概念，所以 B4 也是错的。

因此，此种三角测量论证（B1—B6）是错的，它不能成功支持 A2（拥有信念的概念须要掌握语言）。

三、内容固定论证——三角测量（2）

戴维森认为，语言性三角测量不仅仅对拥有信念的概念来说是必须的，还是拥有思想的必要条件。信念毫无疑问是思想的一种，如果思想须要语言作为必要条件，那么 A3（拥有信念须要掌握语言）就可以避开 A2 的失败而直接成立。在本部分中，我将讨论他对于这一观点的论证。我将戴维森的论证总结如下：

C1 思想拥有固定的内容。

C2 思想的固定内容须要语言性三角测量。

C3 因此，拥有思想必须掌握语言。

C1 是不言自明的，但 C2 并不那么明显。因此，我们首先必须厘清为什么戴维森相信思想（包括信念）的固定内容须要三角测量。

戴维森持有语义外部论，这个观点的核心思想是"我们思想和言谈的内容被与环境的因果交互历史部分地决定"（Davidson, 2001: 200）。对戴维森来说，导致（causing）一个思想或信念的对象也（至少部分地）决定了这一思想或信念的内容。例如，一本书出现在我的面前，在正常情况下，能够导致我拥有一个关于书的出现的信念。[1] 因此，要确定一个信念的内容，我们必须找到与那个信念相关的原因。然而，根据戴维森，我们在确定原因时会遇到两个难题：方面难题（the aspect problem）和距离难题（the distance problem）。

方面难题要求我们解答"【导致】一个信念的全部原因的多少部分相关于它的内容"（Davidson, 1999: 13）。例如，一个女孩看到了一张桌子，并且拥有了一个关于桌子的信念。但是，导致信念的全部原因的哪些方面决定了她的信念？是桌子的颜色、桌子的表面、桌子的形状，还是以上一切？距离难题涉及的是如何在一个很长的因果链条中定位相关的原因。这个原因是近端的（proximal），比如在皮肤上的，还是远端的（桌子和其他中型对象）（Davidson, 1999: 13）？戴维森相信，没有三角测量，我们永远不能解决这些问题，相应地，他对上述问题做了简短的回应：

> ……正是全部原因中总是导致相关的相似反应的那部分或那方面原因。而其他人发现这些反应是相似的是这些相关的反应相似的原因……是反应的社会共享使得内容的客观性可及……决定内容的远距离刺激的东西也是社会性特性（the social character）；是那个在主体间被分享的原因。（Davidson, 1999: 13）

---

[1] 见 Davidson, 1989: 195: "……在最简单的情形下，导致信念的事件和对象也决定了信念的内容。因此，那些不同的、在通常条件下'被'明确出现的黄色事物、一个人的妈妈或一只番茄导致的信念就是内容是有一个黄色的事物、一个人的妈妈或红色的番茄出现了的信念。"

根据戴维森的说法，在三角测量中，两个生物可以对一些对象产生相似的反应。并且，如果他们也交互，即对对方对某个对象的反应做出反应，那么他们就构成了三角测量。如果我们从这两个生物各画一条线，连接到他们关注的对象，那么两条线将会相交，最近的交点就将是他们做出的反应的原因（也即决定思想内容的原因）。同时，这两个生物也会对对方对对象的反应做出反应。

即使我们认为戴维森的思路到目前为止都没问题，但是他还另外坚持认为，两个生物之间的交互必须是语言性的，否则就不能确定思想的内容（Davidson，2001：203）。如果这是他的观点，那么他的论证就无可避免地陷入了循环。如果这个交互（对对方的回应）必须是语言性的，一个生物就只能通过告诉另一个生物（例如他自己关于对象的思想或对对方的回应的评价等）来回应另一个生物，那么他必须已经拥有信念或思想。因此，戴维森对语言交流的坚持会导致如下结果：为了拥有思想必须能在三角测量中进行语言交流，而为了能够在三角测量中进行语言交流，必须拥有信念或思想。这是一个不可信的循环论证。

四、动物信念与元认知

现在让我们再确定一下戴维森的论证目前的处境。戴维森想要反对动物信念，上文提及的论证的要点在于声称拥有信念须要拥有语言。然而，因为对 A2（拥有信念的概念须要掌握语言）的论证是失败的，并且上一部分对 A3（拥有信念须要掌握语言）的直接论证也是失败的，所以即使我们假设动物确实没有语言，戴维森也仍然无法证成动物没有信念的论题。但是，戴维森对 A1 的论证是有效的，即拥有信念须要拥有信念的概念。所以，如果能够直接反驳动物拥有信念的概念，那么戴维森仍然能够达到他的论证目标，即动物没有信念。如前文提到的，信念的概念是一种元认知。元认知的意思是关于认知的认知、关于思考的思考。[1] 因此，拥有元认知的能力是拥有信念的概念的必要条件，拥有信念的概念必须拥有元认知能力。那么，戴维森的 A1 可以转述为 D1（拥有信念须要拥有元认知能力）。如果动物没有元认知，那么配合 D1（拥有信念须要拥有元认知能力），动物就没有信念，戴维森反对动物信念的目的仍然可以达到，这一用元认知转写的论证仍然以戴维森的洞见为基础，因为 D1 依赖于戴维森对 A1 的论证。这一论证可以总结如下：

D1　拥有信念须要拥有元认知能力。
D2　动物没有元认知能力。
D3　动物没有信念。

那么动物是否没有元认知呢？下文我将讨论两种有代表性的关于动物元认知的怀疑观点（sceptical views），并考察他们的观点是否能够支持戴维森的论证。

（一）卡拉瑟斯（Carruthers）的观点

尽管有很多经验研究[2]的结果暗示动物拥有元认知，但是卡拉瑟斯坚持怀疑动物的元认知能力（Carruthers, 2008）。关于这一主

1　元认知需要被区分为两类：一类涉及对自己的认知的认知，另一类则涉及关于其他主体的认知的认知或读心（mindreading）（Carruthers, 2008: 58）。文中涉及的是第一类元认知。戴维森的"信念的概念"可被视为这种元认知。
2　对相关实验的总结，见 Arango-Muñoz, 2011。

题的范式性的经验研究，设计了一些实验来展示动物能知道自己的不确定感。这类实验的基本设置如下：

> 首先，主体被训练去标识一个刺激和一个范本是相同还是不同。当主体识别正确，就会被奖励食物，但当识别错误，食物就会被带走。一旦主体完成关于这一任务的训练，任务将会被修改，引入一个新的按键"脱困（bail out）"。这个按键的功能是开始一轮新的测试，既不提供奖励，也没有惩罚。【接下来的实验】会在简单的刺激中夹杂着主体不能精确归类的刺激，如果主体成功学习了在不确定时选择"脱困"按键，那么这暗示了主体意识到了他们的知识论状态【不确定】。（Andrews & Monsó, 2016）

例如，训练一只海豚分辨不同频率的声音。每当给海豚播放的声音在 n 赫兹以上时，如果它触发 A 按钮就给予奖励（如喂食），如果触发 B 按钮就给予惩罚（不给喂食，且停止测试，也就是说海豚会失去获得食物的机会）。在海豚学会之后，引入新按钮 C 代表"脱困"。当声音的频率接近 n，海豚可能难以归类这个声音，这时如果它选择触发 C 按钮，那么它将不会获得奖惩而直接开始新一轮测试（因此也保留了获得食物的机会）。如果海豚能学会触发 C 按钮，似乎就暗示着海豚能够意识到自己对这一声音的归类不够确定，这就意味着海豚拥有对自己知识论状态的察觉，那么海豚拥有元认知。

卡拉瑟斯不同意这一实验能推导出动物具有元认知能力（动物能够意识到自己对正确答案的不确定）的结论。简单来说，卡拉瑟斯的核心思路在于，只要动物的信念可以拥有不同的强度，一切相关实验的结果都可以用一阶词项（first-order terms）来解释。就上面的例子来说，只要海豚关于触发 C 的信念强于 A、B，即可解释为什么海豚会触发 C，而不需要引入二阶的、元认知的概念[1]。限于篇幅，我将不在这里评价卡拉瑟斯对于实验结果的诠释。就本文的目的来说，要点在于：首先，卡拉瑟斯并不认为动物原则上没有可能拥有元认知（Carruthers，2008），只是相信相关实验暂时并不能确证动物拥有元认知。其次，卡拉瑟斯反对动物元认知的实验诠释方案必须以承认动物对一阶认知词项（如信念）的运用为基础。也就是说，尽管卡拉瑟斯认为动物没有元认知，但这一观点是以同时接受动物一阶认知（也包括信念）为基础的。换句话说，卡拉瑟斯在接受 D2 的同时必须反对 D1。因此戴维森的论证无法利用卡拉瑟斯对动物元认知的拒绝来支撑动物没有信念的结论。

（二）贝穆德斯（Bermúdez）的观点

尽管似乎暂时没有合适的实验证据能够确凿地证实动物拥有元认知，但卡拉瑟斯并不认为动物在原则上不能拥有元认知。那么，到底是什么让一些哲学家像戴维森那样拒绝接受动物拥有元认知？一个重要的原因可能是语言似乎是拥有元认知的必要条件。尽管戴维森的三角测量类比为这一观点提供的论证是无效的，但贝穆德斯认为，确实另有理由支持这一观点。

语言可以指涉一些对象和事实，而我们的思想可以被存储在语言中。同时，语言在口头或书写的形式中，又能成为我们思想的对

---

[1] 详见 Carruthers，2008。

象。因为语言，我们的思想被转化进了可以被我们"思想"的外部对象中。如此，当我们"思想"语言的时候，我们也在"思想"自己的思想（Clark, 1996：177）。

以这一观点为基础，贝穆德斯提出了他的关于元认知须要语言的论证。我将他的想法总结如下[1]：

拥有元认知能力的思想者能够评价和监控他们自己的信念和其他心灵状态。元认知的典型形式涉及评价诸多信念（或其他命题态度）间的逻辑或推论关系（Bermúdez, 2003：159），而逻辑或推论的关系以其特有的结构为根基，这个结构只能以语言性的方式被表征。那么，唯一能够评价或监控信念和其他命题态度（包括其推论关系的结构）的就是自然语言，因为一切其他看似可选项都是无效的［图像表征不能揭示推理连接，亚人格（sub-personal）的思想不能恰当地对结构进行表征[2]］。所以，元认知须要自然语言，而贝穆德斯认为动物没有自然语言，所以动物没有元认知。

如果贝穆德斯的论证有效，动物没有元认知，那么就能通过支持 D2（动物没有元认知能力）再加上戴维森（通过论证 A1）成功论证了的 D1（拥有信念须要拥有元认知能力）来实现戴维森的论题：动物没有信念。然而贝穆德斯和戴维森有一个重要的分歧，他认为尽管动物的信念不能被命题化地描述，并且是由非概念内容构成的，但动物可以思考，即动物可以拥有不同于人类信念类型的信念，这些信念可能由非概念性的内容或图像性内容构成。也就是说，和卡拉瑟斯一样，贝穆德斯也在支持 D2 的同时反对 D1。

---

[1] 因为篇幅限制，我将不会详细讨论他的观点。
[2] 更详细的讨论，见 Bermúdez, 2003：Ch. 8 和 Bermúdez, 2017。

尽管他对 D2 的支持独立于他对 D1 的反对（这一点和卡拉瑟斯不同）。到此为止，两个支持论证 D 的路径就都失败了。然而这并不意味着戴维森的彻底失败，因为贝穆德斯关于元认知的思考中蕴含着另一种支持戴维森观点的可能。

驱动戴维森反对动物信念的原因在于，他相信人类的心灵状态因其本质性的规范性和整体论性质而不能被还原为因果项目，心灵状态之间的复杂的推论关系及其构成的网络对人类思想来说是至关重要的，而这取决于语言。贝穆德斯也认为，除非拥有人类式的自然语言，否则推论关系无法被表征，而动物没有自然语言（至少没有人类式的自然语言），所以动物不能拥有元认知。因此，贝穆德斯与戴维森共享着一些核心洞见，即人类和动物有着语言基础上的根本的差异，人类的思想是被语言结构化塑造的，本质上是整体式的，拥有规范性维度。所以要形成人类式的思维和信念必须以对语言的掌握为前提条件。这驱动了贝穆德斯关于元认知的观点，元认知须要语言，动物没有元认知。因此，如果我们抛开贝穆德斯关于动物可以拥有图像性信念的观念，而用他关于元认知须要语言的论证支持戴维森的 A2（拥有信念的概念须要掌握语言），戴维森就确实拥有一个完善的论证来支持他的 A3（拥有信念须要掌握语言）。之所以"抛开"是可能的，是因为贝穆德斯关于人类语言基础上的信念和元认知的核心洞见及其相关论证独立于他关于动物拥有图像性信念的论点。[1] 人类语言基础上的人类认知的独特性是他与戴维森共享和共同辩护的论题。根据这样的理解，我将贝穆德斯和戴维森的论证组合整理如下：

---

[1] 不像在卡拉瑟斯那里，对动物元认知的否认依赖于对动物一阶信念的承认。

贝穆德斯的论证

E1　拥有信念的概念须要拥有元认知能力。(信念的概念是一种元认知)

E2　拥有元认知能力须要掌握语言。(见本部分贝穆德斯的观点)

A2　拥有信念的概念须要掌握语言。

戴维森的论证

A1　拥有信念须要拥有信念的概念。(见第二部分第一点)

A2　拥有信念的概念须要掌握语言。(根据"贝穆德斯的论证")

A3　拥有信念须要掌握语言。

由此，贝穆德斯关于对动物元认知的反驳可以补充戴维森的论证，动物是否能够拥有信念将取决于动物是否拥有语言。如果动物没有语言能力，那么戴维森可能是正确的：动物没有信念[1]。

五、结语

本文验证了戴维森反对动物信念的论证。首先，我拒绝了他关于内涵语境和整体论的论证。其次，我聚焦于他的语言论证的第一部分，搁置第二部分关于动物是否真的拥有语言的论证。经过仔细的考察，我认为戴维森对 A1（拥有信念须要拥有信念的概念）的

---

[1] 严格来说，还要反驳贝穆德斯关于动物可以拥有图像性信念的论点。本文囿于篇幅无法讨论这一论题。但可以简单指出的是，戴维森可能会认为图像性的"信念"绝非真正的信念。根据贝穆德斯，图像性的信念之间无法恰当地推论关系，那么这大概不符合戴维森对心灵的整体论构想。

论证是可信的，但是支撑其他论证环节的论证，包括两种三角测量论证，都是无效的。再次，我讨论了两种代表性的关于动物元认知的怀疑观点，来考察它们是否能支持戴维森的论证。卡拉瑟斯对动物元认知的反对预设了动物信念，因此和戴维森立场不同，不能支持戴维森的论证。贝穆德斯虽然认为动物可以拥有特殊类型的信念，但不同于卡拉瑟斯，他反对动物元认知的理由独立于他对动物一阶信念的认同，因此这一反驳可以给戴维森的 A2 提供一个可选论证，证实拥有信念的概念（作为一种元认知）须要掌握语言。最后，我的结论是戴维森的论题（非人动物不能拥有信念）是否正确，取决于动物是否拥有语言：如果动物没有语言，则戴维森是对的，动物不能拥有信念；如果动物拥有语言，则戴维森的论证不能证明动物没有信念。

致谢

感谢我的老师查尔斯·罗斯科夫（Charles Rathkopf）在本文写作过程中的鼓励和详细有益的修改意见。另外，感谢两位匿名审稿人非常有帮助的修改意见。

参考文献

Andrews, K. & Monsó, S. (2016). Animal cognition stanford encyclopedia of philosophy. In Zalta, E. N. (Ed.), *The Stanford Encyclopedia of Philosophy* (*Summer 2016 Edition*). https://plato.stanford.edu/entries/cognition-animal/.

Arango-Muñoz, S. (2011). Two levels of metacognition. *Philosophia*, 39

(1), 71–82.
Bermúdez, J. L. (2003). *Thinking without Words*. Oxford University Press.
Bermúdez, J. L. (2017). Can nonlinguistic animals think about thinking? In Andrews, K. & Beck, J. (Eds.), *The Routledge Handbook of Philosophy of Animal Minds* (pp. 119–130). Routledge.
Boghossian, P. A. (1989). The rule-following considerations. *Mind*, 98 (392), 507–549.
Carruthers, P. (2008). Meta-cognition in animals: A skeptical look. *Mind and Language*, 23 (1), 58–89.
Clark, A. (1996). Dealing in futures: Folk psychology and the role of representations in cognitive science. In McCauley R. (Ed.), *The Churchlands and Their Critics*. Wiley-Blackwell.
Davidson, D. (1982). Rational animals. *Dialectica*, 36 (4), 317–327.
Davidson, D. (1989). The conditions of thought. *Grazer Philosophische Studien*, 36, 193–200.
Davidson, D. (1995). The problem of objectivity. *Tijdschrift voor Filosofie*, 57 (2), 203–220.
Davidson, D. (1999). The emergence of thought. *Erkenntnis*, 51 (1), 7–19.
Davidson, D. (2001). *Subjective, Intersubjective, Objective*. Oxford University Press.
Davidson, D. (2003). Thought and talk. In *Inquiries into Truth and Interpretation*. Oxford University Press.
Davidson, D. (2004). *Problems of Rationality*. Oxford University Press.
Glock, H.-J. (2000). Animals, thoughts and concepts. *Synthese*, 123 (1), 35–64.
Glock, H.-J. (2017). Animal rationality and belief. In Andrews, K. & Beck, J. (Eds.), *The Routledge Handbook of Philosophy of Animal Minds* (pp. 89–99). Routledge.
Lepore, E. & Ludwig, K. (2005). *Donald Davidson: Meaning, Truth, Language, and Reality*. Oxford University Press.
Ludwig, K. (2013). Triangulation triangulated. In Amoretti, M. C. & Preyer, G. (Eds.), *Triangulation: From an Epistemological Point of View* (pp. 69–96). De Gruyter.
Myers, R. H. & Verheggen, C. (2016). Donald Davidson's triangulation argument. In Donald Davidson, *Triangulation Argument*.

Routledge.

Newen, A. & Bartels, A. (2007). Animal minds and the possession of concepts. *Philosophical Psychology*, 20 (3), 283–308.

Onishi, K. H. & Baillargeon, R. (2005). Do 15-month-old infants understand false beliefs? *Science*, 308 (5719), 255–258.

Perner, J., Leekam, S. R. & Wimmer, H. (1987). Three-year-olds' difficulty with false belief: The case for a conceptual deficit. *British Journal of Developmental Psychology*, 5 (2), 125–137.

Roskies, A. (2015). Davidson on believers: Can non-linguistic creatures have propositional attitudes? In Metzinger, T. K. & Windt, J. M. (Eds.), *Open MIND*. MIND Group.

Terrace, H. S. & Son, L. K. (2009). Comparative metacognition. *Current Opinion in Neurobiology*, 19 (1), 67–74.

Title: Davidson against Animal Beliefs

Abstract: Donald Davidson, in his paper "Rational Animals", made his famous thesis that (non-human) animals cannot have beliefs. This paper reconstructs various arguments Davidson provides for this thesis and integrates his ideas with relevant contemporary research on animal metacognition in order to examine in detail the reliability of the thesis that animals cannot have beliefs. The paper concludes that Davidson's arguments, with some additions, can support his thesis, given the premise that animals do not have language.

Keywords: Donald Davidson; animal belief; animal cognition; metacognition

胡塞尔现象学中的时间客观性问题 [1]

郭世恒 [2]

摘　要：学界一般认为胡塞尔的时间意识现象学旨在探讨意识的超越论建构。这个解读经常导致一种误解，即胡塞尔的现象学排除了日常意义下独立于意识之外的客观时间，乃至无法谈论一个不被经验的时间，比如远古时期等。这个解读导致胡塞尔现象学在法国当代哲学传统中多被诟病。本文试图证明，通过对客观时间的还原，胡塞尔的现象学并没有排除客观时间，而是企图获得时间客观性的根基。这个问题意识可以追溯至奥古斯丁的时间问题，即时间三相（过去、现在、未来）引致的悖论。在这个问题意识下，自然态度下，把时间理解为一个客观的流淌过程恰好是可疑的。相反，胡塞尔的现象学能给予一个可理解（comprehensible）的回应：根据胡塞尔于《贝尔瑙手稿》的研究，时间的客观性来自不同的刚性

---

[1] 收稿：2020 年 12 月 29 日；首次修回：2021 年 3 月 6 日；末次修回：2021 年 4 月 17 日；录用：2021 年 4 月 26 日。本文通过了《哲学评鉴》匿名评审，发表于合作期刊《清华西方哲学研究》2021 年第 2 期。经《清华西方哲学研究》编辑部同意，本文经再次修订转载于此。

[2] 郭世恒，南洋理工大学哲学系兼任讲师，主要研究现象学、中国哲学、跨文化哲学。电子邮箱：shkwok@ntu.edu.sg。

时间形式（Zeitform）或时间秩序（Zeitordnung）。时间三相只是对象被给予的时间模态（Zeitmodalitäten）。笔者认为这个通过现象学方法获得的客观时间理论，才更符合我们真正在日常生活乃至自然科学中使用的时间观。

关键词：胡塞尔；现象学；时间；意识；客观性；观念

学界一般认为胡塞尔的时间意识现象学旨在探讨意识的超越论建构，对时间意识的探讨因此预设了对客观时间的排除。这种流行的看法很可能来自胡塞尔在《纯粹现象学通论》中对时间意识的阐述：

> 意识由于现象学还原不仅失去了与物质现实及其（尽管是间接的）空间体现的统觉"联系"（这当然是一个隐喻），而且也失去了它在宇宙时间秩序中的地位。那样一种本质上属于体验本身的时间，以及它的现在、在前和在后的，通过它们具有确定样式的同时性和相续性等的所与性样式，既未被也不应被太阳的任何位置、钟表或任何物理手段所度量。（胡塞尔，1996：203）

在这段论述中，自然态度下理解的客观时间（客观自在地流淌、可以被物理计算的一维时间序列）被排除在现象学时间之外；现象学的时间，完全是作为体验本身展开的内在领域。这条研究进路很容易让现象学被批评为一种主观主义（subjectivism）、内在主义（internalism）或关联主义（correlationism）的哲学，即无法研究一个完全独立于所有主体关联的实在。尤其在关于时间的问题上，一个典型的批评是胡塞尔难以正确地讨论先于人类存在的远古时间或者个人出生前的历史时间。[1] 对这些批评者来说，由于胡塞尔错误地把时间还原到意识的内在性之中，因此错失了很多客观时间的重要面相。[2]

然而，现象学是否真的不谈论，甚至不能谈论自然态度下的客观时间？事实上，胡塞尔早已说明，现象学还原只是把还原的对象置入括号之中："它［被还原之物］仍然在那里，正如被置入括号者在括号中一样，正像被排除者在包容范围之外一样。我们也可以说：设定［事物客观存在］是一种体验，但我们不'利用'它，而且这当然不被理解作我们失去了它……"（胡塞尔，1996：96）因此，我们不应把对客观时间的还原理解为对客观时间的排除，仿佛唯一真实的时间是体验流中的时间而已。毋宁说，胡塞尔在1905年关于内时间意识的讲座开首就明确了现象学的任务是"试图确立客观时间和主观时间意识之间的合理关系，并且试图理解：时间的客观性，即个体的客观性一般，如何能在主观的时间意识中构造出来"（胡塞尔，2009：34）。因此，尽管在胡塞尔看来自然态度下的客观时间不是不证自明的，也不是最基本的时间形态，但这并不妨

---

1 当代最明确地提出这个批评的是思辨唯物论者昆汀·美亚索（Quentin Meillassoux），他在《有限性之后》中把这个问题称为祖始化石问题。美亚索认为，一切关联主义者，即"认为一切有意义的X都必须是一个思想的相关项"，包括胡塞尔等现象学家，都难以给予"祖始的陈述一个含义，或一个意义"。（Meillassoux，2008：Ch. 1，2014：12f）与美亚索相类似的也有法国技术哲学家斯蒂格勒（2010），他认为胡塞尔把时间意识奠基在原初回忆之中，忽略了时间意识建构所依赖的外在的技术世界。这些批评都指向胡塞尔错误地把时间完全还原到意识的内在性之中，忽略了在意识之外或比意识更早的时间。

2 比如，斯蒂格勒认为胡塞尔透过内时间意识的滞留（retention）或第一持存来奠基时间意识，忽略了人类依赖技术的第三持存来进行记忆的重要性。沿着这个脉络，第三持存正是如文字、照片、电影等存在于客观外部世界的技术产物。

碍现象学合法地追问我们日常意义下理解的客观时间是什么，它是如何被意识经验和建构的。

一、时间的客观性问题作为另一个理论起点

笔者认为，客观时间问题在胡塞尔的时间意识研究中具有重要的地位。虽然从胡塞尔学术发展史的角度来看，胡塞尔1905年的讲座是继承《逻辑研究》而来[1]，但从讲座的内容和1905年前后的手稿看来，奥古斯丁的时间问题是另一个不可忽略的理论起点。即使奥古斯丁在整部《内时间意识现象学》中只出现过一次，笔者认为奥古斯丁的问题意识一直贯穿于胡塞尔的思考中。在1905年讲座的开首处，胡塞尔就引用了奥古斯丁的名言："[关于时间]，没人问我，我还知道；若有人问我，我想向他说明时，便又茫然不知了。"[2] 在这个文本的脉络里，胡塞尔呈现出来的时间意识研究是回应着奥古斯丁的，因此很难想象胡塞尔会在接下来的研究里完全回避奥古斯丁提出的时间问题："如果过去已不存在而未来尚未存在，则它们如何存在？然而，如果现在永远是现在，它不消逝到过去，则没有时间而只有永恒。"（Augustine，1991：232）

这个著名的时间问题提出了日常意义下的时间三相（过去、现在、未来）构成的一个逻辑悖论。根据这个悖论，如果过去和未来

---

[1] 在《逻辑研究》中，对观念和意义的追问导向了作为意义根源的意向行为的考察，因此作为意向性的意识成为现象学的首要议题；追问这个意识如何构成和把握自身，就引出了内时间意识现象学的问题。从《逻辑研究》到时间意识研究过渡的内在逻辑，可参考马迎辉（2020）。

[2] 转引自胡塞尔（2009：34）。参考英译本（Augustine, 1991）。

不存在，则时间不存在；然而如果它们存在，则没有任何变化，也就没有时间。因此无论过去和未来存在与否，都会导致矛盾。[1]

然而，这个矛盾不允许我们马上用归谬法得出"时间是不真实的"这个结论；[2] 时间在经验之中是如此明了，乃至于我们根本不可能想象一个没有时间的经验。哪怕是对一个物理对象最简捷的感知，都预设了经验的前后延绵，我们永远无法"看到"一个只在经验中出现了一瞬间（这个瞬间完全没有时间跨度）的东西。因此可以说，一切经验都预设了某种时间。正是在这个意义上，奥古斯丁才会说"没人问我，我还知道"。

由于时间在经验之中是明了的，问题只在如何表达它而不会导致矛盾，因此在西方哲学的传统中一直都有一条思考时间问题的线索，以"没人问我"之前的直接的时间经验作为出发点。比如，在提出时间悖论后，奥古斯丁马上获得的结论就是，所谓过去、现在、未来其实都是某种意义上的现在：过去是现在的回忆，未来是现在的期望。这条思路一直延续到胡塞尔的老师弗朗茨·布伦塔诺（Franz Brentano）。布伦塔诺认为，我们之所以能经验到过去，是

---

[1] 时间三相悖论的一个著名的现代版本是英国哲学家 J. M. E. 麦克塔加（J. M. E. McTaggart）提出的时间不真实性（The Unreality of Time）论证。麦克塔加先区分了两个时间概念：A-序列和B-序列。A-序列是关于事件由未来过渡至现在，再流逝到过去的时间序列。B-序列是诸多事件按先后次序排列而成的序列（McTaggart, 1908）。麦克塔加论证说，B-序列自身是无法构成时间的，因为B-序列不涉及变化。例如"汉朝在秦朝之后建立"这个事实，无论时间过了多久都是不会改变的。如果时间必然涉及变化，那么A-序列就是必要的概念。然而，麦克塔加认为，A-序列是不可能成立的，因为它会导致一个矛盾：如果A-序列成立，那么它要求同一个事件能被三个互相对立的时态（过去、现在、未来）所描述，这是不可能的。因此A-序列是不成立的，推论时间也是不真实的。
[2] 虽然麦克塔加明显地接受了这个结论，但大部分哲学家都无法接受这个结论，因此麦克塔加的论证引发了过去一个多世纪分析哲学中关于时间的辩论。

因为在每个当下的感知中都伴随着一个原初联想（ursprüngliche Assoziation），它再造着过去的经验对象，并与当下的感知对象同时被经验到。[1] 布伦塔诺与奥古斯丁的一个共通点是，回忆是一个当下对过去之物的表象，并且我们通过这个回忆意指到过去。

胡塞尔明确地批评了这个进路。[2] 胡塞尔认为，如果过去只是一个当下的表象，那么我们无法区分回忆和想象。胡塞尔如此批评布伦塔诺关于一个过去的音符 A 的原初联想：

> A（至多可以把强度的减弱除外）根本没有过去，而是始终当下的。全部的区别就在于：联想也应当是创造性的，并附加了一个被称作"过去"的新因素。这个因素连续地发生渐次的变化，随变化的多少，A 或多或少地成为过去。因此，只要"过去"还存在于本原时间直观的领域内，它就必定同时也是当下。"过去"这个时间因素必定也在同一个意义上是一个当下的体验因素，就像我们现时地体验到的红色的因素——这是一个明显的背谬。（胡塞尔，1996：18-49）

从这个批评可见，胡塞尔关注的远不只是对时间的主观经

---

[1] 参考 Brentano（1995）。原书出版年份为 1891 年。
[2] 这里指的是胡塞尔在 1905 年讲座中对布伦塔诺的批评。学界对于胡塞尔批评时所使用的文本有分歧。胡塞尔全集第十卷《内时间意识现象学》的编者鲁道夫·勃姆（Rudolf Boehm）认为胡塞尔依据的是布伦塔诺讲座的记录稿（Boehm, 1962）。尼古拉斯·德·沃伦（Nicolas de Warren）则认为，胡塞尔引用的文本来自 Marty, 1879: 121（de Warren, 2009: 53）。文本问题的争议点在于胡塞尔对布伦塔诺的批评是否公允，比如奥斯卡·克劳斯（Oskar Kraus）提出在 1905 年时布伦塔诺已放弃了原初联想的理论（Kraus, 1930）。这个文本问题并非本文重点，重点是从胡塞尔对布伦塔诺的批评中显示胡塞尔真正关心的问题。

验。如果我们只满足于对时间经验的心理学描述,"原初联想"完全是一个充分的理论。我们可以设想,在目睹一支我小时候用过的笔时,我生起一系列对这支笔的回忆(Wiedererinnerung/recollection)。这个回忆是当下发生的,它是被这支笔的感知所触发的。在这个意义上,我们完全可以说这个回忆是一个当下的经验。然而为什么胡塞尔认为把它认作当下的体验因素是悖谬的?因为如果这个回忆没有真正的记忆(Erinnerung/memory)作支撑,它就完全有可能是当下产生的像既视感(déjà vu)一般的错觉。进一步说,这个心理学描述完全没有说明时间的构成,反而,它预设时间已经自行消逝了,"原初联想"只是在时间消逝之后重新激活某些个别的体验内容而已。在这里,时间的流逝本身就已经被预设为是真实的了。因此,布伦塔诺的理论并没有真正解释时间本身是如何被构成的。而且,它恰好没有解决奥古斯丁的时间问题:如果过去的事物已经不存在,那么当下的回忆永远不是那个真实的过去;如果过去只是当下构造起来的回忆,那么就不是一个真正逝去了的东西。

为了解决布伦塔诺的问题,胡塞尔提出构成"过去"的意向性不是联想,而是滞留(Retention)。与联想不同,滞留不是对对象的立义,而是对消逝现象的经验。滞留与原初联想有两个重要区别:第一,滞留牵涉到的不是对象的内容,而是对象的相位;第二,对这个相位的意向不同于对过去某一时间的指向,而是对整个消逝的时段的意向。

> 这个声音被给予,这就是说,它是作为现在被意识到,但"只要"它的某一个相位被意识为现在(jetzt),它就被意识为

现在。但是，如果某个时间阶段（与这个声音延续的时间点相符）是现时的现在（开始阶段除外），那么一个相位的连续统就被意识为"刚才"（Vorhin），而从开始点到现在点的时间延续的整个片段（Strecke）就都被意识为流逝了的延续，而这个延续的其余片段则尚未被意识到。（胡塞尔，1996: 56）

两个差别都指向布伦塔诺的问题。首先，"滞留"针对的是相位或相位的变化而不是内容本身，因此它是构成"过去"本身的意向性，而不是意指"逝去的事物"的意向性；对相位变化的意向性构成了根源的时间意识，在此相位的变化之上，才有可能谈论各种具体内容的变化。从内容到相位的过渡表示，内时间意识现象学已经从描述的心理学过渡到超越论的现象学（即使这一时期胡塞尔的超越论现象学尚未成熟）；它针对的是时间本身的超越论构成而不是在时间中的时间经验。其次，"滞留"把意识的当下拓展成一个有宽度的延续，因此滞留不只描述了回忆的现前化（Vergegenwärtigung），还作为原初记忆（primärer Erinnerung）解释了记忆与回忆的差别。正是基于这个区别，回忆和想象的差别就在于当下现前化的内容有没有一个真实的记忆作为支撑。如果这个对象能连续地追溯到过去的某一个当下的印象，则这个回忆是真实的；否则，它就只是一个当下的想象而已。

从这个对布伦塔诺的批评可见，胡塞尔进行的不是对回忆的心理学描述，而是在内时间意识中思考奥古斯丁的时间问题：被回忆的过去如何是真实的？如果没有了这层考虑，就无法理解胡塞尔对布伦塔诺的批评。

二、从时间的真实性问题到时间的客观性问题

从胡塞尔对回忆真实性的追问可见,胡塞尔实际上没有排除时间的客观性问题:他除了希望证明时间的流逝现象在意识内部是可能和明证的,也希望说明为什么在时间意识之中呈现的对象可以是客观的。

事实上,胡塞尔在一篇1904年的手稿中明确提出这个问题:"(客观地说:)对此是否有明见性,是否不可能出现这样的情况:我现在具有意识:A曾在(以直接回忆的方式),同时A实际上根本不曾在(没有前行的感知),或者我现在具有'清新的回忆',而刚才却并没有感知?"(胡塞尔,2009:250)这个问题证明了胡塞尔不只考虑回忆的内容,更考虑到回忆的客观真实性问题。正是因为在心理学意义上的回忆内容不足以说明回忆的真实性,才有需要把研究拓展到时间的超越论构成问题。可是笔者认为,这个从心理学到超越论现象学的过渡实际并没有完全解决时间三相的悖论,只是把时间的真实性问题转化为时间对象的客观性问题。这个问题的转化需要进一步说明:**奥古斯丁的时间问题只是形式地涉及过去、现在和未来这三个时态的最一般定义,因此这个问题可以衍生出多种形式**。当我们预设这三个时态指涉客观时间中过去、现在和未来的事件,时间问题就展现为对这个客观时间的真实性的质疑。[1] 奥古斯丁和布伦塔诺把过去、现在和未来还原为回忆(联想)、感知

---

1 例如对麦克塔加来说,时间之所以是不真实的,是因为一个"事件(event)"不能同时被三个互不相容的时态描述。此处的"事件"就是发生在客观时间中的(McTaggart,1908)。

和期待，问题就演变成当下的回忆是否与客观时间中的过去之物相合。为了解决这个相合的问题，胡塞尔进一步把客观时间还原成内时间意识的建构，根据这个理论，具有奠基性的不是客观时间，而是超越论的内时间意识流，这个"流"不断地透过对原印象的滞留扩展成一个序列，所有被经验的事物都被有序地编写入这个滞留的尾巴之中，构成了最原初的时间秩序。

从内时间意识现象学的层面来说，时间的真实性问题是被消解了，因为过去、现在和未来作为内时间意识的基础时间视域（Horizon）——"滞留""原印象"和"前摄"是具有第一身的明见性的。如果连这个视域都不存在，意识就根本不存在，我们甚至不可能下一个"时间是不真实"的论断。然而，把时间还原为意识的超越论构造并没有完全解决问题；理论上，我们可以把奥古斯丁的问题再次套用在内时间的体验流之上，问题就变成："过去"的原印象已不是"当下"的原印象，那么我们还能对象化地反思这个"过去"的原印象吗？如果反思原印象时原初的体验被对象化为一个"过去"，那么对反思的反思又是一个新的体验，如此以往，则原印象的体验内容如何被对象化地把握？[1]

反思的无穷后退问题不是本文的重点，在这里只需要看到，不论是自然态度下的客观时间对象、心理学意义上回忆的对象，还是现象学意义上反思的内在对象，**只要它被对象化为一个存在于由"过去"—"现在"—"未来"组成的序列之中的对象时，奥古斯丁的时间问题都能被复制到这个序列之中，产生新的问题**。在超越

---

[1] 事实上，胡塞尔在《内时间意识现象学》时期一直没有完美地摆脱这个反思当下意识引起的无穷后退问题。如丹·扎哈维（Dan Zahavi）恰当地指出，胡塞尔一直到写于1917—1918年的手稿中仍然在处理这个问题（Zahavi, 2004）。

论现象学的脉络下，时间流逝的现象是得到了明证，但时间的客观化问题依然表现为：**在内时间意识里构造的对象，如何在变化之中维持其同一性，使得它在任何时候能为任何主体理解**。[1]

由于这个问题的症结在三相的矛盾性中，因此一个可能的解题思路是：被对象化的时间是否必须具有这个三相结构？正是在《贝尔瑙手稿》中，胡塞尔提供了一个崭新的客观时间理论，试图证明在时间意识中把握的对象可以客观化为不同形式的刚性时间秩序，避免奥古斯丁的时间问题。

三、《贝尔瑙手稿》中的客观时间理论

在《贝尔瑙手稿》中，胡塞尔把时间从一维的流动拓展为一个二维的时间结构[2]："如果我们回忆起构造一个原素的延续统一性的意识的系统化结构，那么它就是一个两维的行为连续统一体……"（胡塞尔，2016：154）换句话说，意识流与对象分属于两个不同的维度。这两个维度分别可以进行两种对象化的过程。

胡塞尔区分了时间客体（Zeitobjekt）和时间对象（Zeitgegenstand）。[3]

---

[1] 时间的客观性问题可以从不同的角度被提出，本文只在这个意义上讨论所谓时间客观化问题。

[2] 在汉语学界，马迎辉为此时间意识的二维模型提供了不少新近的研究（马迎辉，2014，2015，2020）。在英语学界，尼古拉斯·德·沃伦也有专门的分析（de Warren，2009）。

[3] 德莫特·莫兰（Dermot Moran）和约瑟夫·科恩（Joseph Cohen）在《胡塞尔词典》里对胡塞尔哲学中"客体（Objekt）"和"对象（Gegenstand）"做出了如下区分："'客体'是一个广泛的范畴，它可以包括实在的、观念的、具体的、抽象的、个体的和种属的客体。胡塞尔保留'对象'一词专指知识的对象，即作为'站在对面'……面向主体的认知行为的对象。"（Moran & Cohen，2012：228）

在《贝尔瑙手稿》中，时间客体指在意识流中占有确定时间相位的东西："时间客体是在一个感知中本原被给予的。这个感知有一个开始相位，在其中，时间客体具有原涌现的现前，它是现在当下的，并且这个原当下是一个只是通过抽象才能突显的、不独立的相位。"（胡塞尔，2016：95）胡塞尔举例说，想象可以"生动化"一个过去的对象，"但是，这对时间客体行不通，因为过去之物绝不可能成为现实当下的"（胡塞尔，2016：95）。由此可见，虽然时间客体是从活的当下连续涌现的（如一个刚刚逝去的感知），但它同时通过滞留的方式伫留在"过去"，因此它拥有一个绝对的现象学时间的相位。当下经验的客体化表明，没有两个当下的体验是一模一样的。当我们听两次同样的声音，第二次经验作为第二次是与第一次区别开来的。这种客体化在某经验被对象化的把握之前就发生了，保证了意识流是一个不能被任意打乱的序列。

与此相对，当我们在谈论一个时间对象（Zeitgegenstand）的时候，我们并不需要穿越回过去的体验，在体验流中把握这个对象，因为作为另一个维度，时间对象被给予在不同时间形式之中的对象，它在意识流中没有占据确定的相位，相反：

> 对内在对象来说，我们没有一个对一个完成之物的单纯拥有，而是具有一个存在，这个存在作为在一个生成中的统一性，而且作为一个展示的杂多性［流形，Mannigfaltigkeit］的"统一性"，这个杂多性由统一性的被给予性的样式组成，如此等等。（胡塞尔，2016：174）

比如说，一个杯子可以被感知、想象、回忆，这些意向行为在超越论意识当中都能够被构造为不同的时间客体;然而在这些不同的意向行为之中,杯子作为同一个杯子被意向为同一个意向对象,它首先呈现在外部物理时空的流形之中。这个区分就使胡塞尔明确看到,意识的时间和对象的时间属于不同的维度,即使它们在数字上可以是同一的(胡塞尔,2016:162)。

基于这个区分,胡塞尔进一步发现,虽然对象一直在流逝,但其中被给予的时间对象可以被客观化为一个"刚性的时间秩序(Zeitordnung)";"时间作为个体的秩序是刚性的,时间样式[模态,Zeitmodalitäten]在流淌,并且在这里只在标明了的方向中流淌"。(胡塞尔,2016:134)胡塞尔再举例说:"伯罗奔尼撒战争是一个事件,这个事件充实一个确定的时间片段……没有事件能够跳出其时间位置或其确定的时间片段。"(胡塞尔,2016:180)由此可见,伯罗奔尼撒战争作为一个历史事件,不是一个实项地存在于意识之中,被不断地推入滞留之中的客体;它有一个固定的时间位置(比如公元前431年)。在这个意义上,对象的时间是一个形式:"所有时间对象被嵌入时间,并且每一个对象通过其延续,通过其特殊、属于它的形式从这个时间切掉一个块片;时间是世界的一个实项要素。"(胡塞尔,2016:382)[1] 换句话说,时间是对象所属的"世界"的形式,比如历史事件属于历史时间,自然物属于自然时间,虚构的对象属于虚构的时间,等等。这些时间是刚性的、不流动的时间形式(Zeitform)。

这并不表示这些时间形式是先天实存的,而是在意识之中被构

---

[1] 在这个意义上,胡塞尔甚至同意康德说"时间是感性的形式,因而是每一个可能的客观经验世界的形式"(胡塞尔,2016:421)。

造出来的，这个构造过程主要通过想象（Phantasie）完成。[1] 在此，想象并不是虚构，也不是如布伦塔诺的"联想"，因为它并不带来新的材料。胡塞尔说："想象内容是相应感觉材料的变异之物，它们自身不是感觉材料，只是不同地被立义。"（胡塞尔，2016：227）通过材料的想象变异，我们可以找到一个具体对象背后的多重流形。[2] 这些流形是对象的一个可能性的领域。比如，一首乐曲并不需要整首听完（它的感知素材完全给予）才能被立义为一首乐曲，它当下就能被立义为一首还没放完的乐曲，有其尚未充实的可能性部分。如此，乐曲的整体就可以是一个音符背后的流形。同样，一个声音也可以被立义为一个发生在外部物理时空的事件，物理时空也有其尚未充实的可能性部分。如此我们可以构造出不同的流形，作为一个声音的时间形式。[3]

虽然流形的构造使用到想象力，但不是任意的，我们可以区分两个流形是不同的，如果它们彼此之间"没有关系"。[4] 胡塞尔举例

---

[1] 想象力是主要的，但不是唯一的，比如说，当形式牵涉到本质领域时，还需要本质直观，等等。这里只谈论想象力，因为想象力本身足以说明"刚性"的来源，以理解刚性的对象维度是如何可以构成的。

[2] 胡塞尔对"流形（Mannigfaltigkeit）"的理解可以追溯到黎曼的几何学。根据钱立卿，虽然胡塞尔的"流形"至少有四种用法，但这些流形都可以被概括为"一切纯粹可能关系组成的纯粹形式结构"（钱立卿，2020）。

[3] 笔者特意感谢其中一位审稿人指出了"流形"在胡塞尔哲学中的多样性，上注中钱立卿的文献也提供了详尽的说明。为集中讨论，今只列两例。笔者大概同意钱立卿的观点，认为虽然"流形"一词在胡塞尔哲学里指称多个结构，但这些结构都有一个共同点，就是它们在某种意义上都是可能性关系组成的结构。比如本体论意义上的流形是关于对象的可能判断空间（胡塞尔，2012），物理时空的流形是动觉的可能空间，音乐的整体形态是可能的音符组成的整体，等等。关于胡塞尔的"流形"观念能否有一个一致的形式定义，不是本文关注的重点，对本文的论证目标来说，我们只需要知道任何"流形"都具有某种刚性的结构，并且使某对象能通过在此结构中的位置来定义即可。

[4] 这一点与流形在数学上的意义相似，在拓扑学上，两个流形是等价的，如果它们之间存在共形变异。关于胡塞尔如何使用共形变异这个概念，可参考王知飞（2018）。

说："询问是否一个童话中的格雷特尔（Gretel）与另一个童话中的一个格雷特尔是同一个格雷特尔……这是无意义的。"[1] 因为"一个世界的'事物'、进程、'现实性'于另一个世界的'事物'、进程、'现实性'，'没有关系'"（胡塞尔，2016：419）。这种"关系"或者本质关联决定了对象所在的流形的边界。由于这些"关系"只是理念中被发现的形式，因此它们是刚性的。[2]

胡塞尔认为，我们日常理解的客观时间，其实是一个复合的结果，时间对象的客观性首先来自与对象本质相关的流形和世界整体，但这些客观的形式是刚性的，日常经验体验到的时间流动性来自这些可能性的流形的充实。这个充实的过程一方面产生了时间流动的现象，另一方面在诸多可能世界里充实出唯一的"现实世界"，它的时间是"现实时间"。[3]（我们因此可以区分诸多刚性的客观时间和唯一流动的现实时间，胡塞尔认为日常自然态度下讲的客观时间只是后者，它是"客观"形式和"主观"经验的综合结果。）[4]

现实时间是这样构成的：胡塞尔认为只有当一个"现时的主体"出现时，我们才可以谈论流动的现象；"没有某一个现时的主

---

[1] 见胡塞尔（2016：404）。另一个例子是："我们现在虚构的这个半人半马怪与我们此前曾虚构的一只河马彼此没有时间状况。"（胡塞尔，2016：419）

[2] 这种"关系"有时候也被称为"时间状况"。（胡塞尔，2016：150）

[3] 胡塞尔认为这其实是"现实世界"的本质规律："如果一个世界实存，那么它就排除所有其他世界……所有这些世界必须是一个时间世界，至少它们按照时间具有统一性。"（胡塞尔，2016：412）简单来说，如果有一个主体可以先后充实两个可能世界，那么两个世界至少有一个"先后"的时间关系，按照这个关系就能统一两个世界为一个世界。比如说，一部小说的世界与一部电影的世界是两个可能世界，但如果有一个人先读了小说再看电影，他就会意识到两个可能世界都是虚构的，它们能统合在一个更大的现实世界时间里。

[4] 当然，这里的"客观"和"主观"是打双引号的，这是对象化以后的产物，并不表示胡塞尔预先接受了这个二分法，但同时不能忽略的是，这个二分作为构造的结果还是可能和有意义的，这点经常为现象学研究者所忽略。

体，一个时间对象就是不可设想的，就这个主体来说，'现在'或'过去'或'未来'是被构造的"。（胡塞尔，2016：194）这个过程可以用完整时间图的构作方法来表示。

首先，我们有一些刚性的时间形式，每个可能对象按其所属的世界或者流形有固定的时间形式。比如，当一个音符响起时，同共被意向的整个乐曲的形式流形。这个由音符的前后相对位置构成的整体是刚性的。这些流形可以表现为下图：

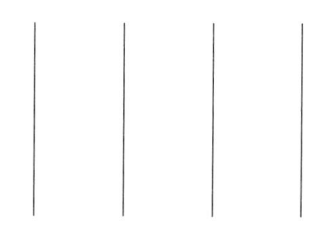

图 1　固定的序列（胡塞尔，2016：68）

其次，如果这些秩序可以按一定的方式"下沉"，转变成另一个。这是可能的，因为胡塞尔强调现实世界只有一个（胡塞尔，2016：378-383）。不同的时间形式因此能勾连成一个统一的现实时间的秩序。因此有下图：

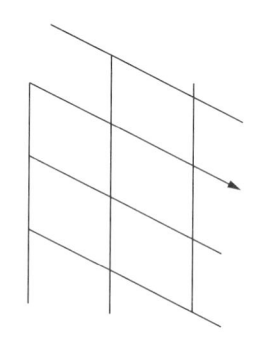

图 2　下沉的序列（胡塞尔，2016：68）

此时，仍未见任何变化的现象，因为这里还不能表示出任何过去、现在、未来。时间三相的出现要求有一个认识的主体站岗，在其意向充实的顶端画出一个现在，这样，当主体"参与"进这个原进程时，就能画出一个由现前构成的水平线，因此就有了完整的时间图：

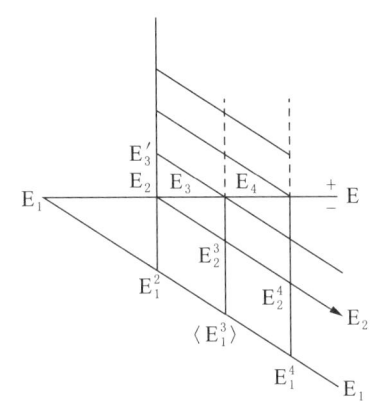

图 3　完整的时间图（胡塞尔，2016：58）

在此图中，上半部是尚未被充实的，作为前摄和可能性的部分；下半部是被充实了的部分。比如在 E_2 这一点时，我们按照该对象的时间形式，预判会有一个 E_3' 即将在下一刻到来。当这个意向被充实时，就成为一个新的现前 E_3。[1] 这个过程就构成了主体的体验流。[2] 基于这个站于现前的体验流，就可以画出相对的过去和未来，同一个事件，就能先被前摄，再被充实为现在，再滞留到回

---

1 更完整的对时间图的解读可以参考 Dodd（2005）。
2 我们在此处区别体验流和意识流，体验流专指在充实发生后的这个主观的体验过程，意识流是在超越论现象学下发生的整个过程，在《贝尔瑙手稿》中，胡塞尔又把意识流称作原过程（Urprozess），以避免误会。

忆之中，因此就能经验到流逝的现象。但就时间形式（垂直线）来说，它并没有经历这个三相的变异。因此胡塞尔说："客观时间片段的全面的形式是刚性的……"（胡塞尔，2016：182）真正流淌的只是事件的时间模态（Zeitmodalität）和被给予方式而已。[1]

该注意的是，这个"原进程"并不表示在现象学的时间上有此先后，实际上，体验流和时间对象是一同构成的。从超越论的角度来说，只有一个活的当下，它是一个本原的视域。（胡塞尔，2016：188）但当这个活的当下运作起来，它就一方面把原素构造成为时间客体，组成一个延展的体验流；另一方面通过想象力构造诸种可能的时间、世界形式和其中的时间对象。体验流和时间对象只是同一个超越论的发生过程展开的两个维度而已。

四、时间问题的一个解决方案

正是这个"原进程"提供了一个回应时间客观性问题的方案。首先明确可见的是，胡塞尔认为日常自然态度下所谓客观时间（现实时间），其实只是世界的时间形式在体验之中充实的结果。这表示胡塞尔至少是交出了一种关于客观时间（而不只是内时间）的现象学（这点经常被忽略）。其次，胡塞尔认为虽然时间是由意识构造的，但它能通过各种刚性的时间形式被构造成独立于意识之外，因为构造它只需要对象本身的本质关联允许的自由变更而已。

这个时间的对象化或者观念化的理论提供了一个回应奥古斯丁

---

[1] 中译本把"Zeitmodalität"译作"时间样式"，这个翻译容易与"时间形式（Zeitform）"混淆，况且"Modalität"一般译为"模态"，意指未来的模态是可能的，过去的模态是已实现的，所以笔者主张译为"时间模态"比较合适。

时间问题的进路：超越论的时间意识保证了流逝现象在内意识层面是明见和真实的。但真实的时间不只停留在体验内部，它可以被客观化。被客观化地表述的时间只是一些刚性的时间秩序，因此它们首先不会牵涉到过去、现在、未来的问题。当一个时间对象从前摄的可能性转变为被充实的现实性时，从体验流的角度来看，它是经历了未来、现在、过去的转变，但这个转变只是"主观"体验到的时间模态的转变而已。如果我们要"客观"地描述这个过程，我们完全可以依靠一个刚性的时间形式。比如说，当我们听一段音乐的时候，整个被给予的是作为乐曲形式的流形，它包含着一个尚未被充实的部分。当乐曲听完了，乐曲整体被充实了，但乐曲本身的形式并没有任何改变。作为一段旋律 A-B-C 中的 B 音，还是处在 A 和 C 之间，无论这段旋律被充实与否。[1] 因此，通过时间形式而被对象化的时间和时间对象，是没有必要牵涉到时间三相的。整个时间形式，不在时间之中，而只是一个拟时间而已[2]，因此不会遭遇到奥古斯丁时间问题的挑战。

当然，这个理论并不是为了解决一个形而上问题而构思出来的理论，它是有严格的现象学基础的。这个客观时间的现象学还是排除了日常自然态度下的客观时间。在日常的自然态度下，我们认为时间是客观现实的、流逝的、唯一的；但经过现象学的还原，胡塞尔发现所谓客观时间是奠基在诸种可能的时间形式之上的，因此它

---

[1] 当然这个形式的首次构造需要立义、充实等流动的意识行为，但一旦对象被构造了，描述这个对象的语言可以只涉及对象的形式而忽略流动的体验内容。

[2] 在与《贝尔瑙手稿》同期的另一本手稿中，胡塞尔说："在想象之中，我们不可能合法地把对象直观为现实，为现在、过去、未来等。相反地，我们把它连同它的内容意识为'正如'它是现前的。对我们来说，它是现实地'正如'。"（Husserl, 1980: 505）

不只是现实的，而且是观念的。[1]

如果同情地理解这个说法，我们就能发现其实大部分日常用以交流客观时间的概念其实都是刚性的。比如说，日历上的日期和钟表上的时间刻度，都是刚性的数学形式。我们并不需要把自己从昨天到今天所经历的一切都客观化地表达出来，才能指明"昨天"；我们只需要一个彼此都理解的日历。当我们用日历来交流的时候，其实并没有意指任何流逝的现象。2021年3月3日这个日期不论作为过去、现在或者未来，都是可以在日历系统里理解的。正是这些刚性的概念让我们在日常生活之中不必遭遇奥古斯丁的时间问题，就能领会某种意义上的时间客观性。

当然，日历和纪年法是一种比较粗浅的形式，严格意义上的客观时间是指自然科学里的时间。自然科学里的时间的客观性，仍然是由诸种可能的刚性时间形式或时间模型构成的。比如说，牛顿的线性可微分时间只是其中一种可能的客观时间形式。这个形式是完全刚性的理念形式，比如自由落体的位移可以以公式 $s=(1/2)gt^2$ 表示，其中 s 是位移的距离，g 是重力加速度，t 是时间。同一个公式完全可以描述一个相反的过程——物体被抛起来的过程，因此这个刚性的时间形式是没有方向的。[2] 在牛顿时间之外，还可以有

---

[1] 值得注意的是，虽然时间形式是观念的，但胡塞尔认为时间最终是现实的，因为"实在世界的现实存在不是通过主体的观念可能性得到保证的，这些主体可能感知这个世界，并且它不仅要求观念的可能性，而且要求现实性"。（胡塞尔，2016：245）因为胡塞尔认为，超越论的主体必须是绝对而实存的，如果这里谈论的只是一个观念可能的主体，那么谈论它的构造也只能是可能的构造。如果超越论主体是实存的，那么它充实的世界也是实存的。（胡塞尔，2016：246）本文先不讨论这个说法是否合理，关键是指出现实世界的观念也必须是一个主体建构的观念。

[2] 苏达绍（Sudarshau）甚至认为在这种模型中没有任何事件的发生（Sudarshau，2017）。

多种可能的客观时间模型，比如相对论和量子力学所建立的时间形式，这些模型都能成为整个宇宙的时间模型，但不尽相同。它们彼此按系统内的概念的本质关联形式构成，互不相干。比如，加速度公式 $s = (1/2) gt^2$ 无法描述电子的运动轨迹，因为电子的运动不具备牛顿力学描述的时间形式，但这种差异并不妨碍牛顿力学和量子力学各自都能成为客观的理论，并描述一个具有客观性的时间。

因此，虽然现实时间只有一个，但我们可以用不同的客观时间概念来构造这个现实时间，并与其实现沟通。**日常自然态度下乃至自然科学里，认为只有一个客观时间，恰好是遗忘了现实时间有无限种被客观化地把握的可能性。**

这一点正好体现了现象学在思考客观时间时相较于自然主义的优越性。胡塞尔的批评者经常预设存在一个纯物质的自然远古时间，这是现象学无法谈论的。殊不知，这种自然主义的时间观非但不能面对奥古斯丁时间问题的诘难，而且无视了我们用以理解这个远古时期的概念工具。比如说，我们通过考古学的碳定年法理解的"过去"与物理学理解的"过去"就不是同一个"过去"，如果知道这个所谓"过去"是奠基于不同的学科对象观念化后的时间模型，那么我们就永远有更多理解这个"过去"的可能性，而不是刻板地承认"过去"只是一个既定现实。

表明上看来，现象学仿佛多此一举地认定"过去"只是当下主体的构造[1]，但事实上，如果没有一个当下的主体去定义"现在"，

---

[1] 比如胡塞尔在全集第三十六卷里说："假如一个主体性存在并通过他的经验与思考从周遭呈现的周围世界开始构造起这个世界，一个作为基底的物质世界，包括世界最早的延绵，就可以符合认知的条件。世界最早的时期，包括一个纯物质的自然，都能够透过理性被反向地构造。"（Husserl, 2003）同段落也被丹·扎哈维引用来证明胡塞尔有处理远古时间的问题（Zahavi, 2017）。

"过去"是不能被定义的。"十万年前"对某个古人来说是"现在"，对一个现代人来说是"远古"；因此当我们说"过去"或者"十万年'前'"时，一定是相对于某主体的。这不是关联论的偏见，而是一个语法规律。相反，自然主义者既要说"十万年前"，但又不承认这个"前"是相对于一个主体，这就是个悖谬。客观时间的现象学表明，这个"十万年前"只能是主体对过去的想象。这表面上仿佛取消了"过去"的客观性，但表明了我们平时用于理解世界的时间模型，其实都只是假设性的。从牛顿的绝对时间、爱因斯坦的相对论，到量子力学，其实都是不同的时间客观化的结果。我们通过这些模型才能立义一个"过去"，这些模型都有自己的边界，也能因应不同的素材被修改。其实这种对时间客观性的理解才是与科学相一致的。科学不正是不断推翻以前的时间模型，考古学不正是不断推翻以前对远古的想象吗？因此，胡塞尔的客观时间现象学比自然态度的时间观更符合现实里科学思考时间的实况。

五、结语

从以上分析可见，胡塞尔除了建立了一套关于内时间意识的现象学，还提供了一套关于客观时间的现象学。与其说胡塞尔在此接受了一种主客二分的二元论哲学，毋宁说在二维的连续统一体中，对象的时间和体验流的时间是同一个原过程构造出来的两个不同方向而已。[1]然而，这并不妨碍我们可以独立地理解胡塞尔的客观时

---

1 事实上，在胡塞尔后期哲学如C手稿中，世界、历史等超越于经验主体之外的领域都被收录在超越论主体性的发生之中。参考方向红（2014）。

间现象学。

这种客观时间现象学让我们看到，日常自然态度里被认为是客观地自然流逝的一维时间序列其实是一个复杂的意识建构的产物，它是各种通过想象构造的刚性时间形式在体验中被充实的结果。这个发现提供了一个解决奥古斯丁时间问题的思路：时间流逝的现象是主观的，但这并不妨碍体验的内容可以被客观化为不同的时间对象，在刚性的时间形式里能够被客观地通达理解。当然，这并不表示时间问题就被完全解决了，比如说，胡塞尔认为内在的流逝体验也是可以在主体间性之中被通达理解的，这牵涉到时间三相的构造过程如何能获得主体间意义上的客观性，是胡塞尔后期如 C 手稿中的主要内容。这方面的内容，包括流逝本身能不能有绝对的客观性的问题，都不在本文的讨论范围之内。本文也不能完整呈现二维时间结构的整个发生过程的所有细节，包括不同阶段的对象化和客体化，乃至不同流形和可能世界的构造过程和时间形式。本文的目的只在于指明现象学可以提供一种独立于主体体验的客观时间现象学。这种客观时间现象学并不是在假设有一个客观时间的前提下的后设研究，而是研究当下体验的诸种被客观化的可能。在此意义下，虽然现象学不一定能证明我们一直在日常自然态度下经历的"现实时间"肯定永远是真实的，但它对时间客观性的来源的说明至少是可理解的（comprehensible）。

可理解的意义是指它开辟了这么一种思路：通过客观时间的现象学，我们能够排除独断的自然主义时间观，并在日常自然主义的时间观里发现各种已经在起作用的时间形式（比如，化学物衰变期、物理—数学模型、历史叙事等）。通过分析这些时间形式，我们不但能理解各种时间观念是如何被建构及如何实现沟通的，更能发现这些时间形式的限制和边缘,并针对未来新的经验素材建构新的时间模型。这种**往前建构而不只是往后还原**的现象学维度,真正是长期被忽略的现象学可能性。笔者认为,如果现象学对科学来说仍然是有反思意义的,那么一种朝向客观性的现象学正是必要和可能的。

致谢

感谢文章的两位评审人提供了宝贵的修改意见和评语。

参考文献

方向红:《时间与存在:胡塞尔与海德格尔现象学的基本问题》,商务印书馆 2014 年版。
胡塞尔:《纯粹现象学通论》,李幼蒸译,商务印书馆 1996 年版。
胡塞尔:《内时间意识现象学》,倪梁康译,商务印书馆 2009 年版。
胡塞尔:《形式逻辑和先验逻辑》,李幼蒸译,中国人民大学出版社 2012 年版。
胡塞尔:《关于时间意识的贝尔瑙手稿(1917—1918)》,肖德生译,商务印书馆 2016 年版。
马迎辉:《意向性、绝对流与先验现象学》,《江苏社会科学》2014 年第 4 期,第 23—30 页。
马迎辉:《范畴、现象学还原与被给予性》,《南京社会科学》2014 年第 9 期,第 38—43 页。
马迎辉:《意向性:从立义到意向流形》,《安徽大学学报(哲学社会科学版)》2015 年第 6 期,第 36—43 页。
马迎辉:《时间性与思的哲学》,江苏人民出版社 2020 年版。
钱立卿:《胡塞尔的"流形论"观念是如何形成的?——一个数学思想史角度的综观》,载中山大学现象学文献与研究中心编《中国现象学与哲学评论(第二十六辑)》,上海译文出版社 2020 年版,第 215—269 页。

斯蒂格勒：《技术与时间：2. 迷失方向》，赵和平、印螺译，译林出版社 2010 年版。

王知飞：《从集合到流形——论胡塞尔现象学的现代数学起源》，载倪梁康等编著《中国现象学与哲学评论（第二十二辑）》，上海译文出版社 2018 年版，第 372—392 页。

Augustine, S. (1991). *Confessions*. Chadwick, H. (Trans.). Oxford University Press.

Brentano, F. (1995). *Descriptive Psychology*. Müller, B. (Trans.). Routledge.

De Warren, N. (2009). *Husserl and the Promise of Time: Subjectivity in Transcendental Phenomenology*. Cambridge University Press.

Dodd, J. (2005). Reading Husserl's time-diagrams from 1917/18. *Husserl Studies*, 21, 111–137.

Husserl, E. (1962). *Zur Phänomenologie des inneren Zeitbewusstseins (1893–1917)*. Boehm, R. (Ed.). Martinus Nijhoff.

Husserl, E. (1977). *Ideen zu einer reinen Phänomenologie und phänomenologischen Philosophie. Erstes Buch*. Schuhmann, K. (Ed.). Martinus Nijhoff.

Husserl, E. (1980). *Phantasie, Bildbewusstsein, Erinnerung. Zur Phänomenologie der anschaulichen Vergegenwärtigungen Texte aus dem Nachlass (1898–1925)*. Marbach, E. (Ed.). Martinus Nijhoff.

Husserl, E. (2001). *Die Bernauer Manuskripte über das Zeitbewusstsein (1917/18)*. Bernet, R. & Lohmar, D. (Eds.). Springer.

Husserl, E. (2003). *Transzendentaler Idealismus. Texte aus dem Nachlass (1908–1921)*. Rollinger, R. D. (Ed.). Kluwer.

Kraus, O. (1930). Zur phänomenognosie des zeitbewusstseins. *Archiv für die gesamte Psychologie*, 75, 1–22.

Marty, A. (1879). *Die Frage nach der geschichtlichen Entwicklung des Farbensinnes*. Gerold.

McTaggart, J. M. E. (1908). The unreality of time. *Mind*, 17 (4), 457–474.

Meillassoux, Q. (2008). *After Finitude: An Essay on the Necessity of Contingency*. Brassier, R. (Trans.). Continuum.

Meillassoux, Q. (2014). *Time without Becoming*. Mimesis International.

Moran, D. & Cohen, J. (2012). *The Husserl Dictionary*. Continuum

International Publishing Group.
Sudarshau, E. C. G. (2017). Time in physics and time in awareness. In Wuppuluri, S. & Ghirardi, G. (Eds.), *Space, Time and the Limits of Human Understanding*. Springer.
Zahavi, D. (2004). Time and consciousness in the Bernau manuscripts. *Husserl Studies*, 20 (2), 99–118.
Zahavi, D. (2006). *Subjectivity and Selfhood: Investigating the First-Person Perspective*. The MIT Press.
Zahavi, D. (2017). *Husserl's Legacy: Phenomenology, Metaphysics, and Transcendental Philosophy*. Oxford University Press.

Title: The Problem of the Objectivity of Time in Husserl's Phenomenology

Abstract: It is believed that Husserl's phenomenology of time-consciousness aims at discovering the transcendental constitution of consciousness. This interpretation usually leads to the misunderstanding that Husserl's phenomenology has entirely refuted any possibility of conceiving time as external to our subjective experience, such as the objective time under the natural attitude or the ancient antiquity. This misunderstanding has led to many criticisms of Husserl, especially in contemporary French philosophy. In this paper, I aim to show that the phenomenological reduction of objective time does not entail the refutation of it; instead, it is a method towards reconstruction of the objectivity of time. This project refers back to Augustine's question of time which uncovers the paradoxical nature of the three time-phases — past, present, and future. Under this premise, time conceived under the natural attitude as an objective flow is indeed problematic. Husserl's phenomenology can be regarded as a comprehensible response to this puzzle. According to Husserl's Bernau Manuscripts, objectivity of time is rendered by rigid temporal forms (Zeitform) and temporal orders (Zeitordnung). The three time-phases are only time-modalities through which an object is given. I argue that this phenomenological analysis of the objectivity of time is coherent with how time is actually understood in daily life as well as in natural sciences.

Keywords: Husserl; phenomenology; time; consciousness; objectivity; idea

综 述

认知宽容论综述[1]

叶 茹[2]

摘 要：认知宽容论是说对某些证据和某些命题，存在不同但都是理性的信念态度。这篇综述将会解释认知宽容论这个议题的重要性，并梳理现有文献中主要的论证。

关键词：认知宽容论；认知理性；贝叶斯知识论；对等者争议

一、导言

假如你是陪审团的一员，在审一个关于杰克是否犯谋杀罪的案子。和其他陪审团成员一样，你仔细地分析法庭上的各种证据。最后你发现一半陪审团成员和你一样认为杰克有罪，而另一半认为杰克无罪。这个发现应该怎样影响你的信念？你应该悬置判断呢，还是可以继续坚持原来的观点？

这个问题的答案部分取决于对同一集证据是否能有不同的但都

---

[1] 收稿：2021年9月23日；修回：2021年11月28日；录用：2021年12月8日。
[2] 叶茹，武汉大学哲学学院副教授，主要研究知识论。电子邮箱：ruye08@gmail.com。

是理性的信念态度。这就是认知宽容论者与认知非宽容论者之间的争论。前者支持而后者反对如下观点：

认知宽容论：对某些证据和某些命题，存在不同的但都是理性的信念态度。[1]

这篇综述将会解释认知宽容论这个议题的重要性，以及梳理各种主要的论证。它分成如下几部分：第二部分解释为什么关于宽容论的讨论如此重要，第三部分列出两种文献上支持宽容论的主要论证，第四部分列出两种文献上反对宽容论的主要论证，最后是全文的总结。

二、为什么宽容论这个议题重要

在回答这个问题之前，有必要区分几种不同版本的宽容论。这个区分将有助于我们看到知识论中的其他讨论是如何与宽容论有紧密联系的。

第一，我们可以区分宽容论者所声称的宽容是存在于人际的（interpersonal）还是人内的（intrapersonal）。前者认为不同的人可以对同一集证据做出不同的但都是理性的回应，而后者认为即使是同一个人也可以对同一集证据做出不同的但都是理性的回应。人际宽容论的出发点通常是这样的：对于认知理性而言，除了证据以

---

[1] 最近的非宽容论主要支持者包括 Dogramaci & Horowitz（2016）, Greco & Hedden（2016）, Horowitz（2014）, Schultheis（2018）, White（2005, 2014）；最近的宽容论主要支持者包括 Kelly（2014）, Jackson（2019）, Meacham（2014, 2019）, Schoenfield（2014, 2019）, Simpson（2017）, Thorstad（2019）, Ye（2019）。韦斯柏格（Weisberg）支持一个混合型立场："证据支持（evidential support）"是非宽容的但"理性"是宽容的（Weisberg, 2020）。

外还有其他的影响因素，比如认知标准、背景信念、实践重要性、认知目标等。如果两个人在这些因素上有所不同，那么他们可以对同一集证据有不同的但都是理性的回应方式。人内宽容论的出发点通常在所谓"证据稀少"的情况中，在这些情况中，我们的证据太少，不足以确定唯一理性的态度。比如，如果关于一个命题 P，你所有的证据只有"P 的客观概率在 0.6 到 0.8 之间"，那么人内宽容论认为在这种情况下，任何从 0.6 到 0.8 之间的确信度都是理性的。

第二，我们可以区分宽容论者所声称的宽容是针对信念（belief）的还是针对确信度（credence）[1]的。确信度宽容论者（credence permissivists）声称证据有时并不确定唯一理性的确信度，他们对证据是否总是确定唯一理性的信念态度保持中立。信念宽容论者（belief permissivists）的主张则更强一些：他们声称认知宽容也存在于信念态度上。那些支持确信度宽容而反对信念宽容的人可能的出发点是这样的：理性的信念态度就是被证据支持的信念态度，而对任何证据和任何命题，要么证据支持这个命题，要么证据支持这个命题的否定，要么它两个都不支持；不管是哪一种情况，对这个证据而言，只能有一种信念态度是理性的；而理性的确信度却可以是多样的：即使你的证据毫无疑问支持命题 P，它可能并不支持 P 到某个非常精细的程度。

第三，我们可以区分宽容论者所声称的宽容是相当极端范围内的还是较小范围内的。极端宽容论者认为在某些情况下，极端不同

---

[1] 确信度是比信念更精细一些的态度。信念只能取三个值——相信、拒绝、悬置判断，而确信度可以取从 0 到 1 之间的任何实数为值。

的信念态度（比如相信 P 和相信 P 的否定）都可以是理性的；温和宽容论者则将认知宽容限制在相对相似的态度上（比如相信 P 和悬置判断）。

现在，我们可以讨论为什么宽容论议题如此重要。我们将看到，这个议题与如下两个知识论议题的紧密联系：一是主观贝叶斯主义（subjective Bayesianism）与客观贝叶斯主义（objective Bayesianism）的争论，二是认知对等者争议（peer disagreement）。宽容论议题也与一些传统知识论议题比如证据主义（evidentialism）、信念自由（doxastic voluntarism）等密切相关。此外，我们将在下一部分看到，宽容论议题与关于认知理性的一些基本问题密切相关，比如"认知理性是一种工具理性吗""认知理性的价值是什么"。

第一，主观贝叶斯主义。贝叶斯主义声称理性的确信度应该是概率函数，并且理性的更新确信度的方式是条件化（conditionalization）。除了这两个主张之外，很多贝叶斯主义者认为理性的确信度应该也要满足一些其他的要求，比如"客观概率原则（the Chance Principle）"（Lewis，1980）和"反思原则（the Reflection Principle）"（van Fraassen，1984）。但是，贝叶斯主义者在"是否只有唯一一个理性的前置确信度（prior credence）"这个问题上有争议。主观贝叶斯主义者认为答案是否定的，客观贝叶斯主义者认为答案是肯定的（Williamson，2010）。所以，主观贝叶斯主义是一种典型的人际宽容论的立场：对同一集证据，不同的人可以有不同的但都是理性的回应（因为他们的前置确信度不同），而对同一个人，只能有唯一理性的回应（因为一个人应该怎样回应他的证据是被他的前置确信度唯一确定的）。

第二，认知对等者争议。调和主义（conciliationism）是认知对等者争议议题中的一个主要立场。一直以来，非宽容论是支持调和主义的一个重要动机（Christensen，2007）。大概的想法是，如果对任何证据只能有唯一理性的回应，那么，当你意识到你的认知对等者和你持有不同回应时，你就知道你们两个人的信念肯定有一方是非理性的；而因为对方是你的认知对等者（你们有相同的证据且智商差别不大），你不能认为他比你有更大可能性是非理性的那一方，这似乎意味着你必须修改你的观点。相反，如果宽容论为真，那么似乎你不必修改你的观点，因为你可以认为你和对方的观点都是理性的。[1]

第三，证据主义。证据主义并不逻辑蕴涵非宽容论：即使理性完全取决于证据，也并不意味着证据总是决定唯一一个理性的态度（见 Ballantyne & Coffman，2011）。虽然如此，很多反对非宽容论的理由也是反对证据主义的理由。比如，很多人际宽容论者论证证据并非决定理性的唯一因素，其他因素比如认知目标、认知标准等也同样重要（Kelly，2014）。如果这些论证成立，那么证据主义也将受到挑战。

第四，认知自由。阿尔斯通（Alston）曾提出如下著名主张：义务论词汇（比如"应该""允许""禁止"）并不适用于我们的信念态度，因为不同于行为，我们对自己的信念并不能自主控制（Alston，1989）。简单来说，他的论证是这样的：一个人相信什么总是被他认为什么是他的证据所支持的决定；如果你认为你的证据支持 P，你就只能相信 P；如果你认为你的证据既不支持 P 也不支

---

[1] 尽管如此，克里斯滕森（Christensen）最近论证调和主义并不需要预设非宽容论（Christensen，2016）。

持 P 的否定，那么你就只能悬置判断。但这个论证预设了非宽容论（Roeber，2019）。因为如果宽容论为真，那么我们的证据有时能支持几种不同的命题态度，这时我们似乎就有了多个可选项。这意味着阿尔斯通基于"我们总是只有一个可选项"这个想法来论证信念非自由是不成功的。

第五，工具主义的理性观。对于很多关于认知理性的基本问题而言，宽容论议题是一个很好的切入点。比如这个基本问题：认知理性也和实践理性一样是工具主义的吗？在最近关于"元规范性（metanormativity）"的讨论中，将认知理性类比于实践理性似乎成为一种潮流。根据这种潮流，"相信什么是理性的"取决于"相信什么能最好地促进我们的认知目标的实现"。但如果非宽容论为真，那么这种关于认知理性的工具主义观点就值得怀疑，因为工具主义理性似乎是宽容的。首先，工具主义理性至少是人际宽容的：如果两个人的目标不同，那么对他们而言，理性的行为很可能是不同的。其次，工具主义理性似乎也是人内宽容的：在很多实践选择中，理性地达到一个目标的行为并不是唯一的。比如，假如我在思考坐什么交通工具回家，那么相对于我的"到家"这个目标，选择坐车回家或者开车回家都是理性的，因为二者都能很好地实现我的目标。[1]

这一部分的结论是：宽容论问题与知识论的很多其他问题联系紧密。你是一个宽容论者还是非宽容论者会影响到你对很多其他知识论问题的看法。

---

[1] 尽管如此，目前我们并不清楚应当如何表述宽容论议题的实践理性版本：在认知理性版本中，我们需要保持证据不变，那么在实践理性版本中，什么应当保持不变呢？相关讨论见 Greco & Hedden，2016。

三、支持宽容论的主要论证

支持宽容论的论证主要有两种。第一种是"基于非宽容论反例"的论证。许多宽容论者认为"合理争议（reasonable disagreement）"构成非宽容论的反例。他们声称，在许多陪审团争议或者学术争议的案例中，争议的双方似乎都是理性的（Kelly, 2014）。

第二种支持宽容论的论证基于相互冲突的认知价值。我们知道詹姆斯（James）有如下著名的主张：我们的认知目标有两个方面——追求真理和避免错误，而且对这两个方面的不同平衡方式会导致不同的对"认知风险（epistemic risk）"的态度。对"追求真理"赋予更高的权重会导致一个人更寻求风险（risk-seeking）；反之，对"避免错误"赋予更高的权重会导致一个人更想要规避风险（risk-aversion）。一些宽容论者用这样的想法去支持宽容论（Kelly, 2014）——对同样的证据，风险态度不同的两个人可以有不同的但都是理性的回应：寻求风险的那个人可能选择相信，而规避风险的人可能选择悬置判断。[1]

除了詹姆斯式的对认知目标的权衡外，宽容论者们指出我们的认知生活中还有其他方式的对认知目标的权衡。比如，在做理论选

---

1 注意：你可能会认为以上论证至多支持温和宽容论而不支持极端宽容论；或者你会认为它至多支持人际宽容论而不支持人内宽容论。有些哲学家认为这两个想法都是错误的。佩蒂格鲁（Pettigrew）论证了在认知决策论的框架下，以上的詹姆斯式认知目标所带来的认知宽容可以是极端的、人内的。比如，在某些情况下，当命题 P 的认知概率是 1/2 时，对 P 的三种态度——相信、拒绝、悬置判断——对同一个人而言都是理性的（Pettigrew, 2022）。

择时，科学家们经常要在各个不同的理论优点上做出权衡——有些理论更简洁，而有些理论的解释力更强——并且似乎没有唯一正确的权衡方式。比如，当两个科学家面对两个理论且他们的证据都相同时，更注重简洁性或者更注重解释力似乎都是理性的，所以两人可以对"哪个理论更好地被证据支持"这个问题有不同的回答（Douven, 2009; Titelbaum, 2015; Willard-Kyle, 2017）。

当然，以上两个论证都没能说服文献中的非宽容论者。对所谓反例，非宽容论者们指出例子中的争议双方并非拥有相同的证据，所以合理争议并不构成非宽容论的反例。对所谓相互冲突的认知价值或者认知目标，非宽容论者们认为只有在那些证据很复杂、很模糊的情况下，不同的权衡方式才会导致不同的信念态度；如果证据很清晰，不同的理性权衡方式应该导致同样的信念态度。以詹姆斯式的对认知目标的权衡为例：如果支持 P 的证据相对于反对 P 的证据有明显压倒性的优势，那么任何理性的权衡詹姆斯式认知目标的方式都应当导致相信 P 是唯一理性的态度。只有当支持 P 的证据比反对 P 的证据稍强但又不是强很多时，宽容论者才可以说对詹姆斯式认知目标的不同权衡方式可能导致"悬置判断"和"相信 P"都是理性的。但是，即使在这种情况下，宽容论者的观点仍然是错的：我们对 P 应当采取一种能包容"悬置"和"相信 P"这两种精确态度的模糊态度。也就是说，当证据很模糊时，我们应该说"模糊的信念态度是唯一理性的"，而并非"不同的（精确的）态度都是理性的"。这种想法在最近关于模糊概率（imprecise probability）的讨论中很盛行。模糊概率的支持者们认为，如果我们关于命题 P 的全部证据只有"P 的客观概率在 0.6 到 0.8 之间"，那么我们应该说理性的对 P 的确信度是模糊概率 [0.6, 0.8]，而不是说任何从0.6到0.8之间的确信度都是理性的（Greco & Hedden，2016：367）。

四、反对宽容论的主要论证

目前文献上主要有两种反对宽容论的论证。第一种是怀特（White）提出的"随意性论证"（White，2005）。[1] 大意如下：假如你是本文开头提到的陪审团成员，经过仔细思考，你认为杰克是有罪的。但是，假设其他陪审团成员的意见使你意识到，基于同样的证据，相信杰克有罪和相信杰克无罪都是理性的。那么，似乎你并没有好的理由去继续坚持你的信念。所以，如果你继续坚持你的信念，你只能基于某些随意的、与理性无关的理由（比如你的信念能促进睡眠）；与理性无关的理由通常也是与信念的真假无关的；而如果你的信念基于一个与信念真假无关的理由，那么似乎你的信念就是非理性的。这意味着宽容论是一个不稳定的立场：一旦你发现相信P和相信P的否定都是理性的，这两种态度都将变得非理性，而只有悬置判断才是唯一理性的态度。

对这个论证，宽容论者们给出了两种不同的回应。一种认为基于随意性理由的信念并非一定是非理性的。就像我们有时可以在两个都是理性的行为中随意地选择，也可以在两个都是理性的信念态度中随意地选择（Ye，2019）。另外一种回应是否认宽容论一定导致信念的随意性（Kelly，2014；Meacham，2014；Schoenfield，

---

[1] 这个论证虽然历史悠久，但我认为到目前为止，它仍然是宽容论所面临的最为严重的挑战。

2014；Simpson，2017）。比如，根据所谓"标准宽容论（standard-permissivism）"主张，在宽容的场景中坚持自己的信念并不一定要基于随意的理由，因为我们可以认为只有我们自己的信念才符合我们的认知标准（当然，非宽容论者认为这不过使得随意性从信念层面后退到认知标准层面）。再比如，杰克逊（Jackson）认为，基于证据以外的（也就是与真假无关的）理由去坚持自己的信念并非一定是随意的，因为我们并不能随意选择"理论备选项""实践重要性"等证据之外的因素，而这些因素的固定会使得我们并不能随意更改自己的信念——即使我们意识到其他信念也是被证据所允许的（Jackson，2019：11）。

第二种反对宽容论的论证是"基于理性价值的论证"。这个论证的基本想法来源于最近新兴的一种做哲学的方式。现在，许多哲学学者对传统的概念分析的哲学方式感到疲倦，进而转向一种新的解决哲学争议的方式：我们要做的不是分析一个词语的意义或者分析这个词语所指对象的本质，而是考察这个词语在人们的认知、实践生活中所起的作用，然后考察这个词语所指的对象必须具有什么属性才能使得这个词语起到这些作用（Chalmers，2011：538）。

这种做哲学的方式激发了如下反对宽容论的论证（Dogramaci & Horowitz，2016）：首先，"理性"这个词语在我们的认知或实践生活中很重要，是因为理性归与（rationality-attribution）——也就是将某些人的信念称为"理性的"或者"非理性的"——是促进社会协同（social coordination）的最有效的方式。比如，在生活中，当你不认同某人的认知标准，并想使他采用你自己的认知标准时，你往往会对他说"你的信念是非理性的"或者"你解读证据的方式是非理性的"。其次，如果宽容论为真，那么"理性"这个词就起不到上述作用。如果对同一集证据可以有不同的但都是理性的回应方式，那么在某些情况下，我们就不能把那些和我们认知标准不同的人称为"非理性的"；反之，当我说"你的信念是理性的"时，我也并不一定在表达对你的观点的认同（因为我自己可能持有相反的观点）。所以，如果理性是宽容的，那么做理性归与并非促进社会协同的有效方式。结论是：宽容论为假。按照同样的思路，莱文斯坦（Levinstein）及格雷科、赫登（Greco & Hedden）等人提出了类似的反驳宽容论的论证。他们论证宽容论者不能解释"理性"这个词在人们决定怎么做计划（planning）和决定"遵从"什么人（deference）等实践活动中所起的重要作用（Levinstein, 2017; Greco & Hedden, 2016）。

以上版本的"基于理性价值"的论证是关于理性**归与**的，它的关注点在：为什么我们在日常生活中习惯做理性归与？第二种版本的"基于理性价值"的反驳宽容论的论证是关于理性本身（being rational）的，它的关注点在：我们为什么想要我们自己的信念是理性的？这个论证的大致想法是：我们认为理性是有价值的，因为理性能促进我们获得真理（truth-conducive）；但是如果宽容论为真，那么理性并不能促进获得真理。这个想法的确信度版本在霍罗威茨（Horowitz）那里得到极好的表述（Horowitz, 2014, 2019）。她举了如下例子[1]：

假设宽容论为真。那么，我们可以想象如下场景：你对某个命题 P 的确信度是 0.9，但是你知道任何在 [0.6, 0.9] 区间内的确

---

[1] 注意：在讨论确信度而非信念时，与"真"相对应的概念是"精确（accuracy）"；"精确度"是指一个确信度与事实吻合的程度。

信度都是理性的，任何在这个区间外的确信度都是非理性的。那么你会认为 0.95 的确信度比 0.6 的确信度的期望精确度（expected accuracy）更高[1]。结果是：从你的角度看，一个非理性的确信度比一个理性的确信度有更高的期望精确度。这意味着理性并不能促进我们获得更精确的确信度。

宽容论者们对以上两种版本的价值性论证都有回应。舍恩菲尔德（Schoenfield）回应了第二个版本。她详细讨论了我们究竟应该如何理解"理性促进我们获得真理"这句老生常谈的话；她提出了自己对这句话的理解，并论证这种理解和宽容论是相容的（Schoenfield, 2019）。米查姆（Meacham）回应了第一个版本。他认为格雷科、赫登等非宽容论者在表述"理性"与"计划"的关系时，已经预设了非宽容论；如果我们去掉这个预设，就会发现得到的更精确的表述完全与宽容论是相容的（Meacham, 2019）。

五、结论

目前关于宽容论的文献极多、增长极快，所以，限于篇幅，我只能忽略掉其他很多有意思的论证。在我个人看来，学者们对宽容论议题的浓厚兴趣不是没有道理的：这个议题之所以令人感兴趣，并非因为"理性是不是宽容的"这个问题本身有多么根本、多么重要，而是因为对这个问题的思考是我们思考其他一系列根本的知识论问题、元知识论问题的很好的切入点。我们看到了这些元知识论

---

[1] 这是因为我们测量精确度的函数有这样的特点：从你的角度看，一个确信度离你自己的确信度越近就越精确。

问题包括：如何回应认知对等者争议等高阶证据，认知理性与实践理性在哪些方面相似和不同，理性这个词为什么对我们的认知和实践生活如此重要，我们应该怎么理解理性与真的关系，等等。我相信宽容论议题的进一步发展会带来更多有趣的知识论话题。

致谢

感谢《哲学评鉴》匿名评审人对本文早期版本的十分有用的修改意见。

参考文献

Alston, W. (1989). The deontological conception of epistemic justification. *Philosophical Perspectives*, 2, 257–299.

Ballantyne, N. & Coffman, E. J. (2011). Uniqueness, evidence, and rationality. *Philosophers' Imprint*, 11, 1–13.

Chalmers, D. (2011). Verbal disputes. *Philosophical Review*, 120 (4), 515–566.

Christensen, D. (2007). Epistemology of disagreement: The good news. *Philosophical Review*, 116 (2), 187–217.

Christensen, D. (2016). Conciliation, uniqueness and rational toxicity. *Noûs*, 50 (3), 584–603.

Dogramaci, S. & Horowitz, S. (2016). An argument for uniqueness about evidential support. *Philosophical Issues*, 26 (1), 130–147.

Douven, I. (2009). Uniqueness revisited. *American Philosophical Quarterly*, 46 (4), 347–361.

Greco, D. & Hedden, B. (2016). Uniqueness and metaepistemology. *Journal of Philosophy*, 113 (8), 365–395.

Horowitz, S. (2014). Immoderately rational. *Philosophical Studies*, 167 (1), 41–56.

Horowitz, S. (2019). The truth problem for permissivism. *Journal of*

Philosophy, 116（5）, 237–262.
Jackson, E.（2019）. A defense of intrapersonal belief permissivism. *Episteme*, 18（2）, 1–15.
Kelly, T.（2014）. Evidence can be permissive. In Steup, M., Turri, J. & Sosa, E.（Eds.）, *Contemporary Debates in Epistemology*（pp. 298–312）. Wiley-Blackwell.
Levinstein, B. A.（2017）. Permissive rationality and sensitivity. *Philosophy and Phenomenological Research*, 94（2）, 342–370.
Lewis, D.（1980）. A subjectivist's guide to objective chance. In Jeffrey, R.（Ed.）, *Studies in Inductive Logic and Probability*（pp. 83–132）. University of California Press.
Meacham, C. J. G.（2014）. Impermissive Bayesianism. *Erkenntnis*, 79, 1185–1217.
Meacham, C. J. G.（2019）. Deference and uniqueness. *Philosophical Studies*, 176（3）, 709–732.
Pettigrew, R.（2022）. *Epistemic Risk and the Demands of Rationality*. Oxford University Press.
Roeber, B.（2019）. Evidence, judgment, and belief at will. *Mind*, 128（511）, 837–859.
Schoenfield, M.（2014）. Permission to believe: Why permissivism is true and what it tells us about irrelevant influences on belief. *Noûs*, 48（2）, 193–218.
Schoenfield, M.（2019）. Permissivism and the value of rationality: A challenge to the uniqueness thesis. *Philosophy and Phenomenological Research*, 99（2）, 286–297.
Schultheis, G.（2018）. Living on the edge: Against epistemic permissivism. *Mind*, 127（507）, 863–879.
Simpson, R. M.（2017）. Permissivism and the arbitrariness objection. *Episteme*, 14（4）, 519–538.
Thorstad, D.（2019）. Permissive metaepistemology. *Mind*, 128（511）, 907–926.
Titelbaum, M. G.（2015）. Continuing on. *Canadian Journal of Philosophy*, 45（5）, 670–691.
Van Fraassen, B.（1984）. Belief and the will. *Journal of Philosophy*, 81（5）, 235–256.
Weisberg, J.（2020）. Could've thought otherwise. *Philosophers' Imprint*, 20（12）, 1–24.

White, R. (2005). Epistemic permissiveness. *Philosophical Perspectives*, 19 (1), 445–459.

White, R. (2014). Evidence cannot be permissive. In Steup, M., Turri, J. & Sosa, E. (Eds.), *Contemporary Debates in Epistemology* (pp. 312–323). Wiley-Blackwell.

Willard-Kyle, C. (2017). Do great minds really think alike? *Synthese*, 194 (3), 989–1026.

Williamson, J. (2010). *In Defence of Objective Bayesianism*. Oxford University Press.

Ye, R. (2019). The arbitrariness objection against permissivism. *Episteme*, 18 (4), 1–20.

Title: Epistemic Permissivism Review

Abstract: The debate between epistemic permissivism and impermissivism concerns whether there can be multiple rational responses to the same body of evidence. In this review, I will explain why this debate is important and will delineate the main arguments for/against permissivism in the literature.

Keywords: epistemic permissivism; epistemic rationality; Bayesian epistemology; peer disagreement

模态知识论：常见模态认知理论和它们的解释范围 [1]

冯书怡 [2]

摘　要：模态知识论领域试图探索我们如何获得关于可能性（和必然性）的知识或辩护。本文介绍三个代表性的关于可能性的认知理论：理性论路径下的可设想性理论、经验论路径下的相似性理论和反事实理论。本文以逻辑可能性、形而上学可能性、物理可能性的外延关系的"标准模型"为切入点，分析各个理论的解释范围。本文尤其关注：它们能为常见的模态论证的模态前提提供辩护吗？最后，本文简要介绍模态怀疑论立场，其核心观点是：哲学讨论中常见的可能性陈述无法得到辩护。模态怀疑论是否成立是本文的后续讨论方向：它取决于（现有的和未来的）各模态认知理论的解释范围。

关键词：模态知识论；可设想性理论；相似性理论；反事实理论；模态怀疑论

1　收稿：2021 年 8 月 17 日；修回：2021 年 9 月 25 日；录用：2021 年 10 月 7 日。
2　冯书怡，武汉大学哲学学院副教授，主要研究模态知识论。电子邮箱：shuyi.f@gmail.com。

一、导言

（一）关于可能性的预备知识

模态（即可能性和必然性）概念是我们日常生活中经常使用的概念。我们会说"可能地，明天下雨""可能地，肯尼迪死于枪击""必然地，2 加 2 等于 4""必然地，水是 H_2O"等。[1] 在逻辑学里，"可能性"和"必然性"是相互定义的。命题 p 是可能的，当且仅当 ¬p 不是必然的。[2] 那么，说"可能地，明天下雨"等同于说"并非必然地，明天下雨"；说"必然地，2 + 2 等于 4"等同于说"并非可能地，2 + 2 不等于 4"。为了简化讨论，本文仅聚焦于关于可能性的讨论。鉴于"可能性"和"必然性"的相互定义关系，许多关于必然性的结论可以从关于可能性的讨论中推导出来。

在进行后续讨论之前，我们需要注意关于可能性的两个重要区分。一是认知（epistemic）可能性和非认知（non-epistemic）可能性的区分。[3] 大体来说，认知可能性是相对于认知主体的认知状态而言的，它是认知主体依赖的（agent-dependent）。原则上，认

---

[1] 按照中文的语言习惯，我们更倾向于说"明天可能下雨"，而不是"可能地，明天下雨"。但本文的例句都采用"可能地，如何如何"和"必然地，如何如何"的表达。这样做的目的一是迁就英文的表达习惯"it is possible that p"和"it is necessary that p"，二是说明本文只处理命题模态。

[2] 本文里，"p 是可能的"意即 p 可能为真，"p 是必然的"意即 p 必然为真。为了简化措辞，本文省略"为真"。

[3] 关于这个区分的更多解释，参见 Gendler & Hawthorne, 2002: 3-4; Kment, 2021。

知可能性并不反映世界本身可能长什么样子;[1] 它只反映在我们的认知中,我们认为世界可能长什么样子。与认知可能性不同,非认知可能性和认知主体的认知状态无关:它是认知主体独立的(agent-independent)。我们也可以引入常见的"理想认知者(ideal agent)"概念来理解这两种可能性的差异。非认知可能性反映的是世界在理想认知者眼中的可能样貌,而认知可能性反映的是世界在普通认知者眼中的可能样貌。理想认知者不存在认知局限,而普通认知者存在种种认知局限,所以非认知可能性和认知可能性存在鸿沟。一个例子可以表明两种可能性的差别。假定我们将"认知可能性"作如下理解:p 是认知可能的,当且仅当认知主体并不知道 p。那么,"哥德巴赫猜想为真"和"哥德巴赫猜想为假"都是认知可能的。但是,"哥德巴赫猜想为真"和"哥德巴赫猜想为假"并不都是非认知可能的,两者之中为真的那个才是非认知可能的。

二是非认知可能性内部的区分。一般来说,非认知可能性可被分为三种:(广义的)逻辑可能性、形而上学可能性、物理可能性。首先看逻辑可能性。p 是逻辑可能的,当且仅当 p 和广义的逻辑规则一致,换句话说,不矛盾。[2] 所以,"p 为真且为假""1+1=3""存

---

[1] 这点并不是没有争议。认知可能性是否能反映世界本身可能的样貌取决于认知可能性如何被定义。考虑如下关于"认知可能性"的定义:p 是认知可能的,当且仅当 p 与认知主体的知识一致。注意这个定义的定义项使用了"知识""一致性"概念。这些概念使得该定义下的认知可能性是认知主体独立的,可以反映世界本身可能的样貌。但不管怎样,即便在某些定义下,认知可能性实际上能够反映世界本身的可能样貌,但哲学家们似乎也没打算让"认知可能性"这个概念承担这个角色。"非认知可能性"才是哲学家们用来描述世界本身可能样貌的概念。关于认知可能性的几种定义方式,参见 Gendler & Hawthorne, 2002: 3-4。
[2] 广义的逻辑规则包括所有逻辑学规则、数学规则、概念规则、定义,等等,而不仅仅只包括单纯的逻辑学规则。相应地,"狭义的逻辑可能性"指的是仅仅不和单纯的逻辑规则相矛盾的可能性。如果没有特殊说明,本文的"逻辑可能性"都指的是广义的逻辑可能性。

在圆的方"就不是逻辑可能的,因为它们和广义的逻辑规则相矛盾。其次,形而上学可能性一直被哲学家们当作最基本的可能性。哲学家们认为,当我们谈论"事情可能如何如何""事情原本可以怎样"时,我们会默认这些谈论都是在谈形而上学可能性。大多数哲学讨论探索和追求的可能性,比如身心二元的可能性、上帝存在的可能性也都是形而上学可能性。但形而上学可能性如何被定义,学界并没有一致的意见。笔者只能列举一些接受度较高的定义。比如说,一个通行的定义是:p 是形而上学可能的,当且仅当 p 在至少一个可能世界上为真。[1] 另一个——或许更有助于理解的——定义是:p 是形而上学可能的,当且仅当 p 不仅和逻辑规则一致,还和形而上学规则(比如,关于事物本质的事实)相一致。[2] 在这个意义上,"水不是 H_2O""启明星不是长庚星""金的原子量不是79""克里普克是卡尔纳普的儿子"就不是形而上学可能的,因为它们和事物的本质相矛盾。[3] 最后是物理可能性。[4] p 是物理可能的,当且仅当 p 除了和逻辑规则、形而上学规则一致之外,还和物理法

---

[1] 参见 Gendler & Hawthorne, 2002: 5; Kment, 2021。值得一提的是,这个定义虽然是通行的,可以说是"官方的",但它实际上并不有助于理解形而上学可能性与逻辑可能性、物理可能性外延上存在怎样的关系。

[2] 这个定义主要来自克曼特(Kment)的工作,但他在不同时期的著作中提供的定义表述稍有不同。参见斯坦福百科词条"The Epistemology of Modality(模态知识论)"2017 年和 2021 年版,以及 Kment, 2014, 2021。

[3] 当然,究竟哪些事实算作事物本质的事实仍然存在争议。大体来说,自然物质的化学成分、个体和自身的等同关系、金属的原子量、人的生物学起源是接受度较高的关于事物本质的事实。

[4] 不同的文献会使用别的名称,比如"因果(causal)可能性""自然(natural)可能性""法则(nomic)可能性""律则(nomological)可能性""因果律则(causal-nomological)可能性"。它们各自所指是有差别的,但本文粗糙地把它们当作同样的可能性。这些不同名称分别见 Lowe, 2012; Deng, 2016; Roca-Royes, 2017; Gendler & Hawthorne, 2002; Mallozzi, 2021a。

则一致。"有些东西的速度超过光速"就不是物理可能的,因为它违背了物理法则。

基于上述对三种可能性的刻画,不难看出,三种可能性在定义上的差别在于我们施加怎样的法则对命题加以约束。从逻辑可能性到物理可能性,我们施加的法则越来越多。那么,与这些法则不相违背的命题就会越来越少。所以,三种可能性在外延上就存在依次递减的关系:逻辑可能性的外延最广,其次是形而上学可能性,外延最窄的是物理可能性。[1] 举例来说,"水不是 H_2O""启明星不是长庚星""金的原子量不是 79""克里普克是卡尔纳普的儿子"是逻辑可能的,因为它们没有违背任何逻辑法则。但它们不是形而上学可能的,因为它们违背了形而上学法则。"有些东西的速度超过光速"是形而上学可能的,因为它没有违背任何形而上学法则。但它不是物理可能的,因为它违背了物理法则。这个结论是一个较为公认的理解,也被称为三种可能性外延关系的"标准模型",如图 1 所示。

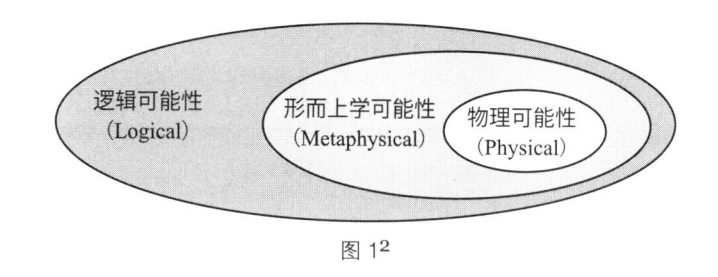

图 1[2]

当然,"标准模型"并不是没有争议的。在逻辑可能性和形而上学可能性外延关系的问题上,模态一元论(modal monism)的

---

[1] 参见 Gendler & Hawthorne, 2002: 5。
[2] 图片来自 https://plato.stanford.edu/entries/modality-epistemology/。

支持者，如大卫·查莫斯（David Chalmers），反对逻辑可能性比形而上学可能性外延广的观点。[1] 他认为，两者的外延是等同的。关于这一点，后文会有更详细的解释。在形而上学可能性和物理可能性外延关系的问题上，必然论（necessitarianism）者，如悉尼·休梅克（Sydney Shoemaker）、亚历山大·柏得（Alexander Bird）认为物理法则都是形而上学必然的。所以，他们反对形而上学可能性比物理可能性的外延广的观点。[2] 上述关于三种可能性外延关系的介绍将是后文三种代表性模态认知理论的理论资源和面临困难的重要线索。

（二）模态知识论和模态论证

模态知识论领域主要关心的问题是我们的模态知识或辩护如何得来。[3] 既然模态概念包括可能性概念和必然性概念，自然而然地，模态知识论领域构建理论的路径也可以分为关于可能性和关于必然性的。前者关注我们关于可能性的知识如何得来，后者关注我们关于必然性的知识如何得来，本文仅聚焦于关于可能性的模态认知理论。[4]

一般来说，一个关于可能性的认知理论需要满足两个要求。或者说，我们对一个候选的模态认知理论总抱有两个期待。一是基础

---

[1] 相应地，逻辑可能性比形而上学可能性外延更广的观点被称为"模态二元论（modal dualism）"。
[2] 参见 Shoemaker, 1998; Bird, 2005: 363-364。
[3] 虽然"知识"和"辩护"、"有关xx的证据"、"有理由相信"等表述意义不同，但是在模态知识论领域里，它们常常被视为等同表述。如无特殊说明，本文将会互换使用这些表述。
[4] 关于必然性的模态认知理论往往从我们如何获知事物的本质入手。参见 Lowe, 2008, 2012; Hale, 2013, 2021; Mallozzi, 2021a; Jago, 2021。

期待。我们总希望它具有（范围足够的）解释功能，即它能解释我们如何获得那些我们已有的可能性知识。公认地，我们实际上已经拥有了许多可能性知识。比如，我们愿意承认，如下可能性陈述都为我们所知：

（C1）可能地，康德是哲学家。

（C2）可能地，明天下雨。

（C3）可能地，这张桌子中午比它现在的位置靠左两英尺。

（C4）可能地，肯尼迪死于心脏病。

但是，我们并不太清楚我们究竟是通过何种方式获知（C1）—（C4）的。所以，模态知识论领域的学者们试图提供认知理论来回答"如何获知"的问题。

二是进阶期待。也就是说，我们还希望模态认知理论具有预知功能，即能让我们获知更多的模态知识。这两个期待都是自然而然的。任何一个理论，我们不仅希望它能解释已有的现象为何如此，更希望它能帮助我们探测更多未知的东西。我们对模态认知理论的进阶期待往往体现在哲学讨论中模态论证的广泛应用。模态论证的共同特征是：它们都有一个可能性陈述作为前提。比如，笛卡儿支持二元论的身心分离论证以"我的身体和心灵可能不同一"为前提，得到身心不同一的结论。普兰汀格的上帝存在的本体论论证以"可能存在必然的个体"为前提，得到上帝存在的结论。如下列举的可能性陈述都是各个领域中出现的模态论证的模态前提（篇幅所限，这些模态论证的完整样貌请读者自行了解）：

（C5）可能地，我的身体和心灵不同一。

（C6）可能地，我不是物理的。

（C7）可能地，疼痛不等同于 C 神经的激发。

（C8）可能地，语法不是语义的充分条件。

（C9）可能地，僵尸存在。

（C10）可能地，世界的微观物理属性确实是感受性质的充分条件。

（C11）可能地，存在必然的个体。

（C12）可能地，存在无法解释的恶。

（C13）可能地，理想的可设想性不蕴涵可能性。

（C14）可能地，现实世界中的自然律是另外的样子。[1]

如果模态论证果真能帮助我们回答（各个版本的）物理主义和二元论到底哪个立场为真，上帝存在还是不存在等问题，至少，它们的模态前提必须得到（令人信服的）辩护。为这些模态前提提供辩护的工作显然要借助某个或某些模态认知理论来进行。所以，模态论证的广泛使用也迫使模态知识论领域的学者提供可靠的认知理论。

一条公认的模态认知路径是从 p 推出 ◇ p。我们知道 p 为真，那么我们就能知道 ◇ p。但这条路径的使用范围非常有限。第一，它的解释功能不够。只有在我们知道 p 为真的情况下，它才能起作用。比如，它可以解释为何我们知道（C1）。但是，在我们不知道 p 的真值，或者我们知道 p 为假的情况下，它就没法解释我们已有的可能性知识是如何得来的。比如，它不能解释我们为何知道

---

[1] 关于（C5）(C6)，参见 Wilson, 1978。关于（C7），参见 Kripke, 1980。关于（C8），参见 Searle, 1990; Schaffer, 2009; Nute, 2011。关于（C9），参见 Chalmers, 1996, 2010。关于（C10），参见 Frankish, 2007; Menzies, 1998。关于（C11），参见 Plantinga, 1974。关于（C12），参见 van Inwagen, 1998。关于（C13），参见 Howell, 2008; Mizrahi & Morrow, 2015。关于（C14），参见 Sidelle, 2002。

（C2）—（C4）。第二，它显然不具有预知功能。它没法帮助我们判断（C5）—（C14）是否为真。所以，为了解释已知和预测未知，我们还需要寻找其他认知路径，提供功能更强大的模态认知理论。接下来，本文将介绍三种代表性的认知理论：理性论路径下的可设想性理论、经验论路径下的相似性理论、反事实理论。选取这三种理论的目的主要有两个考虑。第一，如第一部分第一点最后所说，这些理论都和三种可能性外延关系的"标准模型"有紧密的关系。可设想性理论实际上是以逻辑可能性为中介，作为通向形而上学可能性的认知通道。相似性理论实际上是以物理可能性为中介，作为通向形而上学可能性的认知通道。反事实理论表面上似乎和"标准模型"没有关联，但仔细探究，我们会发现，反事实理论实际上既利用了逻辑可能性，又利用了物理可能性作为理论资源。第二，鉴于"标准模型"中三种可能性的外延关系，每个模态认知理论在解释范围上可能会面临怎样的困难，实际上已暗藏在各个理论所依赖的资源中了。后文将为这两点提供更详细的论述。

二、理性论：可设想性理论

（一）可设想性理论的建立

理性论者试图从先天的认知渠道入手，解释我们如何获得模态知识。这个路径下应用最广泛、最为流行的理论是可设想性理论。粗糙地说，可设想性理论的核心想法是将可设想性作为通向形而上学可能性的认知渠道。那么，"可设想性"究竟指的是什么，以及在给定的刻画下这种可设想性和可能性存在怎样的关系，就是可设想性理论的支持者需要细化的内容。可设想性理论的代表人物是斯蒂芬·亚布洛（Stephen Yablo）和查莫斯。我们首先考察亚式可设想性理论。

亚布洛对可设想性采用了如下定义：

p是可设想的，当且仅当认知主体S能想象一个她认为是证实了p的场景（Yablo, 1993: 29）。[1]

比如说，如果我们脑海中想象一只猪在天上飞的场景，那么猪在天上飞就是亚式可设想的。不难看出，亚布洛对可设想采取了认知主体依赖的（agent-dependent）定义，即命题p是不是亚式可设想的，依赖于认知主体的认知状态。至于亚式可设想性和可能性的关系，亚布洛认为，亚式可设想性可以为可能性提供可错的辩护，但不蕴涵可能性。这不难理解。公认地，普通认知主体总是存在认知局限，即我们常常发现不了命题中潜藏的逻辑矛盾。如果我们未发现一个命题有逻辑矛盾，我们的脑海里通常能想象出这个命题表达的内容。仍然以哥德巴赫猜想为例，虽然我们知道"哥德巴赫猜想为真"和"哥德巴赫猜想为假"两者之中有一个没有逻辑矛盾，但是我们没法识别出究竟哪一个没有逻辑矛盾。所以，"哥德巴赫猜想为真"和"哥德巴赫猜想为假"都是亚式可设想的。[2] 但显然，并非两者都是逻辑可能的，而逻辑不可能的那个肯定不是形

---

[1] 这里的关键概念——"证实（verification）"——如何理解存在不少争议。弱的版本是将其理解为在p的基础上填充更多细节即可；强的版本是将其理解为这些填充进来的细节必须蕴涵p，或者说，必须与¬p不相容。参见Hanrahan, 2009; van Inwagen, 1998; Hawke, 2011, 2017。
[2] 或许哥德巴赫猜想不是一个好例子（但这并不影响接下来的讨论）。有人会反驳说，我们实际上并没有真正做到亚式设想"哥德巴赫猜想为真"和"哥德巴赫猜想为假"。我们只能做到亚式设想"有人宣称哥德巴赫猜想为真"和亚式设想"有人宣称哥德巴赫猜想为假"。但这个疑问涉及对"证实"概念的理解：究竟想象的细节丰富到什么程度才算能证实p。篇幅所限，本文不深究这个问题。

而上学可能的（请读者回忆逻辑可能性和形而上学可能性外延上的关系）。所以，如果对"可设想性"采取亚式定义，即用认知主体依赖的概念来定义"可设想性"，那么这个定义下的可设想性不蕴涵可能性。

查莫斯扩展了亚布洛的可设想性理论。首先，他区分了粗略的（prima facie）可设想性和理想的（ideal）可设想性。其区别在于前者是认知主体依赖的，后者是认知主体独立的。粗略的可设想性又可分为两种：

p 是粗略地负面可设想的，当且仅当认知主体 S 不能先天排除 p。

p 是粗略地正面可设想的，当且仅当认知主体 S 可以想象一个证实 p 的场景。[1]

既然这两种粗略的可设想性都是认知主体依赖的，所以它们都和亚式可设想性一样，至多能为可能性提供可错的辩护，但不能蕴涵可能性。所以，如果某个定义下的可设想性真能和可能性构成蕴涵关系，其必要条件就是，这种可设想性必须是认知主体独立的。在查莫斯那里，理想的可设想性是认知主体独立的，它也分为两种：

p 是理想地负面可设想的，当且仅当 p 并非先天为假。[2]

p 是理想地正面可设想的，当且仅当存在一个融贯的证实 p 的

---

[1] 参见 Chalmers, 2002: 147-154。不难发现，"粗略的正面可设想性"的定义实际上沿用了亚布洛对可设想性的定义。

[2] "先天为假"指的是先天可知（knowable）为假，而不要求先天已知为假。如果 p 是一个我们尚未得知真值的命题，那么 p 和 ¬p 两者之中，只有一个并非先天为假，即便我们目前尚未知道哪个先天为假。

场景。[1]

在这两个定义里，定义项都没有使用和认知主体相关的概念。进一步，不难证明，两种理想可设想性实际上都等同于逻辑可能性，即这两个定义是分别利用我们对逻辑可能性的两种理解建立的。我们对逻辑可能性的第一个理解是通过"先天性"概念进行的。逻辑必然性就是先天性。p 是逻辑必然真的，当且仅当 p 是先天真的。[2] 所以，p 是逻辑可能的，当且仅当 p 并非先天为假。也就是说，理想的负面可设想性实际就是逻辑可能性。我们对逻辑可能性的第二个理解是通过"一致性"概念进行的。p 是逻辑可能的，当且仅当存在一个一致的命题集，在其中 p 为真。所以，如果我们把一个证实 p 的场景看作一个命题集，这个命题集本身是一致的，且在其中 p 为真，那么理想的正面可设想性实际上也就是逻辑可能性。所以，负面和正面的理想可设想性两者是等价的，都等同于逻辑可能性。[3]

那么，查莫斯接下来要处理的问题是：理想的可设想性（也就是逻辑可能性）和形而上学可能性具有蕴涵关系吗？自康德开始，"先天性和形而上学必然性外延等同"一直被认为是非常可信的假说。如果这个假说成立，那么它的推论——逻辑可能性和形而

---

[1] 参见 Chalmers, 2002: 147-154。

[2] 关于逻辑可能性和先天性的等同关系，参见斯坦福百科词条"Varieties of Modality（不同种类的模态）"。此外，这里需要做一个限制：在真值可知的命题范围内，逻辑可能性才等同于"并非先天为假性"。如果 p 是数学命题或逻辑命题，且真值不可知，那么 p 和 ¬p 都并非先天为假，但两者中只有一个是逻辑可能的。

[3] 当然，查莫斯也讨论过负面和正面理想可设想性不等价的几种可能的情况，并一一做了回应，参见 Chalmers, 2002: 161, 174-195。但是在绝大多数情况下，尤其是可设想性理论在应用于模态论证时，把两者看作等价的是没有问题的。

上学可能性外延等同——自然也成立。但是，克里普克指出，"水是 H_2O"这类句子虽然是形而上学必然的，但它们的真值是后天可知的。所以，在克里普克看来，先天性和形而上学必然性的外延并不相同；自然而然地，逻辑可能性和形而上学可能性的外延也不相同。这也是为何逻辑可能性和形而上学可能性外延关系的"标准模型"是图 1 所示的样子。

所以，如果查莫斯能够建立逻辑可能性和形而上学可能性的蕴涵关系，他必须想办法解释克式后天必然性。为了达到这个目的，查莫斯开发了一套语义理论，即二维语义学。这个语义理论的核心想法是：任何一个语句都关联二维内涵。通俗地讲，即任何一个语句都表达两个命题。[1] 比如，"水是 H_2O"这个句子表达了如下两个不同的命题[2]：

（a）水状物是 H_2O。

（b）H_2O 是 H_2O。

观察命题（a）和命题（b）：命题（a）是后天的，但不是必然为真的。命题（b）是必然的，但不是后天的。（a）和（b）两个命题都不是后天且必然的。也就是说，在二维语义理论中，只有后天必然语句，但没有所谓后天必然"命题"。而命题才是语句的意义，才是语句的真值承担者。哲学里谈"真"和谈"可能性"，归根结底都是在谈命题的真和命题的可能性。所以，如果所谓"后天必然命题"不存在，那么先天性和必然性外延等同的假说就可

---

[1] 当然，表达两个命题并不意味着这两个命题是不同的。很多句子表达的两个命题是相同的。

[2] 至于在二维语义学里，一个语句表达的两个命题是如何确定下来的，篇幅所限，本文不予解释，更多内容参见 Chalmers, 2004。

以免于克里普克的攻击而得以（暂时）保留。总而言之，查莫斯的策略是将"后天必然性"的发生解释成一个语言现象，而不是一个形而上学现象。[1] 在形而上学的层面，先天性和必然性外延等同，因而逻辑可能性和形而上学可能性外延等同的假说可以免于攻击。

（二）可设想性理论的解释范围

如果逻辑可能性和形而上学可能性外延等同的假说成立，而且理想的可设想性就被定义为逻辑可能性，那么自然而然地，理想的可设想性和形而上学可能性就存在蕴涵关系。进一步，我们可以将这个蕴涵关系进行认知化的应用，也就是说，如果我们知道／有证据／有理由相信／可以判断命题 p 是理想可设想的，那么我们就会知道／有证据／有理由相信／可以判断命题 p 是形而上学可能的。接下来，我们考虑可设想性理论的解释范围。它可以满足本文第一部分提到的基础期待和进阶期待吗？

笔者认为，可设想性理论基本上可以满足基础期待。以本文列举的（C2）—（C4）为例，我们可以毫无困难地判断，这些陈述的真值是通过后天渠道认知的。因此，我们可以判断它们都是逻辑可能的，即理想可设想的。所以，我们可以用可设想性理论来解释我们如何知道（C2）—（C4）为真。那么，可设想性理论是否可以满足进阶期待呢？也就是说，本文列举的模态论证的模态前提［即（C5）—（C14）］可以凭借可设想性理论得到辩护吗？实

---

[1] 这部分对查莫斯如何用二维语义学解释克式后天必然性的重述来自 Howell，2008。这是笔者认为最简洁但也够用的重述。

际上，有学者已经尝试用可设想性理论为它们中的绝大部分提供辩护。在这个方面，可设想性理论是所有模态认知理论中被使用最多的理论。举例来说，查莫斯本人就诉诸"僵尸"的理想可设想性推出"僵尸"的可能性，从而论证随附性物理主义为假。这也是为何模态论证常常被称为"可设想性论证"。[1]

但是，（C5）—（C14）是否真能借助可设想性理论得到辩护，仍然处于争议之中。前文说：*如果我们可以判断 p 逻辑可能（即理想可设想的），那么我们可以判断 p 形而上学可能*。但问题是，当我们谈论的对象是（C5）—（C14）讨论的命题，我们有能力做到这个"如果"吗？也就是说，我们有能力判断出它们是理想可设想的吗？不少学者给出了否定的回答。他们认为，我们作为普通的认知主体，认知能力有局限，所以无法判断某些命题是不是理想可设想的，也无法利用可设想性理论判断它们的可能性。[2]进一步，他们认为，诸如"僵尸存在""上帝存在"的理想可设想性和可能性都无法为我们所知。所以，如果这些学者的看法是对的，那么可设想性理论无法满足进阶要求。

笔者认为，上述推理的第一步是没错的：我们的认知能力有限，无法判断某些命题的理想可设想性（即逻辑可能性），因而无法借助可设想性理论判断它们的形而上学可能性。但后面一步的推理太快了（并没有说推理结论错误的意思）。[3]"我们无法判断某

---

[1] 但这个称呼实际是不严格的。原则上，如果我们要为模态论证的模态前提提供辩护，辩护路径可以是多样的，并非只有可设想性理论唯一路径。
[2] 参见 Worley, 2003; Roca-Royes, 2011。
[3] 比如，萨拉·沃里（Sara Worley）从"我们无法判断某些命题的理想可设想性"直接推出"我们无法判断'僵尸存在'的理想可设想性"就存在这个问题。参见 Worley, 2003。

些命题是否如此"和"我们无法判断当下讨论的这个命题是否如此"是有差距的。从前者不能直接推出后者。的确,以我们现在的认知水平,我们确实无法判断哥德巴赫猜想是不是理想可设想的(即逻辑可能的);但以我们现在的认知水平,我们却可以判断"1+2=3""明天要下雨"是理想可设想的。所以,究竟哪些命题的理想可设想性因为超出了我们目前的认知能力而无法被获知?这需要更细致的讨论。我们必须先找到我们没能力判断其理想可设想性的命题范围,考察(C_5)—(C_{14})讨论的命题是否在这个范围内,解释它们为何在(或不在)这个范围内,然后才能判断可设想性理论是否满足进阶要求。篇幅所限,这些问题就留给读者思考。

(三)小结

亚布洛和查莫斯都以可设想性作为通向可能性的认知通道。但他们对"可设想性"的定义是不同的。亚布洛将可设想性理解为认知主体依赖的,但这个理解下的可设想性必定不能成为通向可能性的"可靠的"通道,而仅仅只能作为"可错的"通道。查莫斯提出了"理想的可设想性",其实质就是逻辑可能性。逻辑可能性是认知主体独立的。但在可能性外延关系的"标准模型"中,逻辑可能性比形而上学可能性的外延广。所以,查莫斯的首要工作是(用二维语义学)把两者的差距填平,使得两种可能性外延相同。[1]这样,自然而然地,理想的可设想性和形而上学可能性就具有蕴涵关系。

---

[1] 当然,二维语义学是不是可以成功将这个差距填平,二维语义学本身是不是有困难就是另外的话题了。本文不予讨论。

在认知上，我们也自然可以利用这个蕴涵关系获得关于可能性的知识或辩护。但是，即便逻辑可能性和形而上学可能性的鸿沟被成功填平，在认知上，并不是所有命题的逻辑可能性都是我们目前有能力获知的。那么，对于那些逻辑可能性还无法为我们所获知的命题来说，我们也无法判断它们是不是形而上学可能的。索尼亚·罗卡-洛斯（Sonia Roca-Royes）将这个现象总结为二难困境的形式：如果可设想性理论走亚布洛的路线，即可设想性被理解为认知主体依赖的，那么可设想性不是通向可能性的可靠途径。如果可设想性理论走查莫斯的路线，即可设想性被理解为认知主体独立的（也就是逻辑可能性），因为某些命题的逻辑可能性目前超出了我们的认知能力而无法为我们所认知，那么可设想性理论在实用性上就会有所损失，即存在某些命题，我们无法利用可设想性理论判断它们的形而上学可能性。[1]

本文更为关注的是查莫斯的可设想性理论，尤其是该理论的解释范围。可设想性理论能解释（C2）—（C4）吗，能判断（C5）—（C14）的真值吗？回答这个问题的关键在于：我们究竟有能力判断哪些命题的逻辑可能性，究竟没能力判断哪些命题的可能性？笔者认为，我们可以毫无困难地识别出（C2）—（C4）可能性算子后伴随的命题是后天可知的，所以我们有能力判断它们是逻辑可能的，因此我们可以利用查莫斯的可设想性理论解释（C2）—（C4）。至于（C5）—（C14）可能性算子后伴随的命题，它们的逻辑可能性是否在我们当下的认知范围内，这是非常复杂的问题，就留给读者思考。

---

[1] 参见 Roca-Royes, 2011。

三、经验论：相似性理论

（一）相似性理论的建立

最近十年来，不少学者将注意力转移到了经验论路径，试图从经验的认知渠道入手，解释我们如何获得模态知识。本文接下来主要介绍罗卡-洛斯的相似性理论。[1] 相似性理论的讨论对象是具体事物的涉物（de re）可能性，即我们如何获得涉物可能性的知识或辩护。[2] 该理论的基本想法是：如果我们知道两个物体具有相关相似的关系，那么，如果我们知道其中一个物体现实中具有怎样的属性，我们就能知道另一个物体可能具有同样的属性。概括如下：

（i）我们知道 O_1 和 O_2 现实共同例示属性 φ，且对 φ 的共同例示使 O_1 和 O_2 成为相关相似物。

（ii）我们知道 O_1 现实例示属性 ψ（但 O_2 不现实例示属性 ψ）。[3]

如果（i）和（ii）都满足，那么我们就可以知道"可能地，O_2 例示属性 ψ"。

我们以（C4）——可能地，肯尼迪死于心脏病——为例来说

---

1 参见 Roca-Royes, 2011。彼得·霍克（Peter Hawke）也是相似性理论的支持者，但表述稍有不同。参见 Hawke, 2011, 2017。
2 特别地，罗卡-洛斯指出，如果我们拥有涉物可能性的知识，我们也能利用倒转巴坎公式（Converse Barcan Formula），即 $\exists x \Diamond \psi(x) \to \Diamond \exists x \psi(x)$，从涉物可能性的知识获知某些涉言可能性的知识。也就是说，对相似性理论来说，涉物可能性的知识是第一位的讨论对象，而涉言可能性的知识是衍生性的讨论对象。参见 Roca-Royes, 2017: 241。
3 "O_2 不现实例示属性 ψ"并不是一个硬性规定，而是出于应用必要性的考虑。假如 O_2 现实例示属性 ψ，那我们可以直接推出 O_2 可能例示属性 ψ。在这种情况下，我们就没必要使用相似性理论了。

明相似性理论如何工作：首先，我们知道某个人或者有心脏的动物——张三，他现实死于心脏病。此外，我们知道张三和肯尼迪是相关相似物。因此，我们知道肯尼迪可能死于心脏病。

在这个理论里，最重要的概念是"相关相似性"。显然，并非对任意某个属性的共同例示都能使两个物体处于相关相似的关系。这个理解太宽松了，会使得相似性理论导致荒谬的结果。比如，任何两个物体肯定共同例示"是物体"这个属性。那么，假如"是物体"这个属性就能使得两个物体成为相关相似物，那么我们可以把死于心脏病的张三和一支铅笔、一只草履虫当成相关相似物，并得出这支铅笔、这只草履虫也有死于心脏病的可能。但这个结论显然是荒谬的。所以，假如相似性理论能站得住脚，我们必须说清楚共同例示怎样的属性才能使两个东西成为相关相似物。

罗卡-洛斯对"相关相似性"给出了一些澄清，虽然有学者批评这些澄清并不完善。[1] 她将有能力使得两个物体成为相关相似物的属性称为"锚性（qualitative anchor）"。第一，锚性最好能具体一些，但是这种具体性并不是必需的。比如说，在肯尼迪的例子里，锚性既可以是"人"，也可以是"有心脏的动物"。显然，"人"就比"有心脏的动物"更具体。第二，怎样的属性才可以扮演锚性的角色？罗卡-洛斯解释说，φ 可以充当锚性来解释某物具有 ψ 的可能性，那是因为我们事先已经知道如下原则：具有属性 φ 的事物有可能具有属性 ψ。[2] 比如，在肯尼迪的例子里，为什么"人"和"有心脏的动物"可以承担锚性？那是因为我们事先已经知道

---

[1] 参见 Prelević, 2015。
[2] 原文是"φ(x) → ◇ ψ(x)"，见 Roca-Royes, 2017: 230。

"人可能死于心脏病""有心脏的动物可能死于心脏病"。[1]第三,我们关于"具有属性 φ 的事物有可能具有属性 ψ"的知识又来自哪里呢?罗卡-洛斯说,这些知识来自我们对自然统一性(uniformity of nature)的认知,来自归纳(induction),粗略地说,来自我们对物理可能性的认知。[2]

(二)相似性理论的解释范围

也就是说,在罗卡-洛斯看来,对于任何两个属性 φ 和 ψ,只有在"某物例示 φ,则该物可能例示 ψ"是物理法则的情况下,φ 才可以承担锚性。但这样一来,问题就出现了。按照形而上学可能性和物理可能性的"标准模型",物理可能性的外延比形而上学可能性的外延窄。那么,我们不得不认为罗卡-洛斯的相似性理论无法解释某些可能性,即那些并非物理的但仍然是形而上学的可能性。所以,相似性理论会面临解释范围过窄的困难。那么,相似性理论是否会因为这个困难而无法满足前文提到的我们对模态认知理论的基础期待呢?

---

[1] 不难看出,相似性理论能够被使用的前提是要求我们本来就具有某些涉言的可能性知识。但第 151 页脚注 2 提到,对相似性理论而言,涉言知识是衍生性的,是通过涉物知识推论出的。所以,原则上,相似性理论得以使用的前提条件不应该要求我们本来拥有某些涉言可能性的知识。普雷莱维奇(Prelević)也批评了罗卡-洛斯这一点(Prelević,2015)。但这一点是否对相似性理论构成实质性威胁,需另外讨论。

[2] 原文是"What allows us to transition to the pieces of de re possibility knowledge (of unrealized possibilities) is, at bottom, the idea that the idea that causal powers and effect susceptibility depend on qualitative character. What is common in all such principles will be the reliance on the uniformity of nature; in other words, the reliance on induction",见 Roca-Royes,2017:229–230。当然,因果性、归纳性、物理必然性有许多差别。篇幅所限,本文粗糙地把它们归并为一类,而不讨论它们的差异。

笔者认为，对于某些我们已知的形而上学可能性，相似性理论是有能力解释的。比如前文提到的（C2）—（C4）。但是，我们仍然可以找到某些已知的形而上学可能性，由于它们超出了物理可能性的范围，因此它们无法被相似性理论解释。考虑如下两个命题：

（C15）可能地，物体 O_1 在地球上的重力加速度大大超过 9.8 米/秒^2。

（C16）可能地，物体 O_2 在真空中的速度超过光速。

如果我们愿意接受形而上学可能性和物理可能性的"标准模型"，那么就愿意承认我们有理由相信（C15）和（C16），或者说，我们愿意承认我们拥有关于（C15）和（C16）的知识或辩护。但如果我们接受形而上学可能性和物理可能性的"标准模型"，似乎必须否认相似性理论有能力解释我们关于（C15）和（C16）的辩护由如何得来。所以，一旦形而上学可能性和物理可能性的"标准模型"被预设，相似性理论似乎就无法满足我们的基础期待。

如上相似性理论解释范围过窄的困难和查莫斯的可设想性理论遭遇克里普克后天必然性反例的困难非常类似，只是这两种困难是从相反的方向发生的：可设想性理论遭遇克里普克后天必然性反例的根源是查莫斯将逻辑可能性当作通向形而上学可能性的中介。根据"标准模型"，逻辑可能性外延比形而上学可能性外延广。所以，可设想性理论遭遇反例是难免的。这也是为何查莫斯必须首先借助其他理论（如二维语义学），填平形而上学可能性和逻辑可能性的差距。相似性理论解释范围过窄的根源是罗卡-洛斯将物理可能性当作通向形而上学可能性的中介。根据"标准模型"，物理可能性比形而上学可能性外延窄。相似性理论解释范围过窄也是难免的。所以，或许罗卡-洛斯可以仿照查莫斯，先考虑如何填平形而上学可能性和物理可能性的差距，但这个工作如何进行仍需要进一步探索。

进一步，假设我们已经找到某种方法填平了形而上学可能性和物理可能性的差距，这使得相似性理论可以解释所有我们已经拥有的模态知识或辩护。那么紧接着的问题就是，它能不能满足我们的进阶期待，即为模态论证的模态前提提供辩护呢？这个问题似乎还没有学者讨论，留给读者思考。

四、反事实理论

（一）反事实理论的核心想法

可设想性理论和相似性理论是将三种可能性以及它们的外延关系作为资源来建构理论。威廉姆森的反事实理论则不然。[1] 反事实理论以我们已经具备的认知能力为出发点。第一，我们具有反事实的思考能力，这是广为接受的事实。判断"假如事情如何如何，那么事情就如何如何"的能力是日常生活实践中不可缺少的。比如说，我们都能判断"假如划这根火柴，它就会被点着"，"假如前面没有灌木丛挡着，石头就会一直滑到湖里去"，"假如杀手射偏了，肯尼迪就不会死于枪杀"，等等。本文用"□→"符号表示反事实条件句的连接词。也就是说，判断句型"A □→ B"真值的能力，本身就是我们习以为常的一种认知能力。[2] 第二，¬（A □→ ⊥）是反事实条件句，只不过形式稍微特殊而已。A □→ ⊥ 是一个以

---

[1] 但笔者认为，实际上，反事实理论避免不了对几种可能性外延关系的探讨。后文将会详述这一点。

[2] 当然，这并不意味着，对于所有反事实条件句的真值，我们都有能力判断。

⊥为后件的反事实条件句，意思是：假设 A 为真，那么会导致矛盾。那么，¬（A □→⊥）的意思是：并非如此，假设 A 为真，那么会导致矛盾。换句话说，¬（A □→⊥）的意思是：假设 A 为真，并不会导致矛盾。既然我们本来就有做反事实判断的能力，那么也理应有判断（至少某些）¬（A □→⊥）句型真值的能力。第三，不难证得，◇A 和 ¬（A □→⊥）等价。[1] 也就是说，如果假设 A 为真并不导致矛盾，那么 A 就是可能的。所以，"如果我们判断假设 A 为真并不导致矛盾，那么我们就可以判断 ◇ A 为真；如果我们判断假设 A 为真会导致矛盾，那么我们就可以判断 ◇ A 为假"（Williamson，2007：163）。总之，威廉姆森的大概思路是：一是承认我们有一定的反事实思考能力，我们能判断一些反事实条件句的真值。二是找到一类特殊的反事实条件句，即 ¬（A □→⊥）。如果我们承认我们反事实的思考能力，那么也没理由拒绝我们具有判断这些特殊的反事实条件句［即 ¬（A □→⊥）真值］的能力。三是证明 ¬（A □→⊥）和 ◇ A 等价。所以，如果我们有能力判断 ¬（A □→⊥）这类反事实条件句的真值，那么也有能力判断 ◇ A 的真值。

那么，我们判断一个普通的反事实条件句"A □→ B"真值的过程是怎样的呢？按照威廉姆森的描述，这个过程大致如下：首先，我们假定前件为真。然后，我们在假定前件为真的基础上对前件所说的内容进行反事实的想象。想象一个场景肯定需要填充一些细节进去，所以反事实地想象前件也就需要我们在前件所说内容的基础上填充更多的细节，比如某些背景信息。最后，当这种假定前

---

[1] 等价关系的证明见 Williamson，2007：156-157。

件为真并且填充更多细节进行反事实的想象过程能够让我们得到后件时,我们就可以断定这个反事实条件句为真。[1] 举例来说,我们是如何判断"假如前面没有灌木丛挡着,石头就会一直滑到湖里去"为真的？我们首先假设前件为真,即现实中没有灌木丛挡着。然后我们想象在这种情况下,一颗从坡上滑下的石头会怎样。威廉姆森认为,我们反事实的想象总会受到背景信息的约束,所以反事实的想象并不是天马行空的,而是会自然而然地尽可能贴近现实。比如,在反事实地想象从坡上滑下的石头时,我们的脑海中并不会浮现出石头垂直升天或是反复滑落的场景,因为我们对石头的感知、我们关于自然如何运行的知识都约束了我们反事实的想象。[2] 通过这种受到约束的想象,我们最终得到的结果就是石头会一直滑到湖里。所以,我们能反事实地判断出"假如前面没有灌木丛挡着,石头就会一直滑到湖里去"为真。以上是判断一般的反事实条件句"A □→ B"真值的过程。判断 ¬（A □→ ⊥）真值的过程并没有本质不同：仍然是首先假设前件为真,然后填充背景信息加以反事实的想象,最后考察这个想象的结果是不是导致矛盾。如果不导致矛盾,我们就可以判断 ¬（A □→ ⊥）为真,因而 ◇ A 为真。那么,我们不禁要问：在反事实想象的过程中,我们到底受到了怎

---

[1] 原文是 "One supposes the antecedent and develops the supposition, adding further judgments within the supposition by reasoning, offline predictive mechanisms, and other offline judgments. The imagining may but need not be perceptual imagining. All of one's background beliefs are available from within the scope of the supposition as a description of one's actual circumstances for the purposes of comparison with the counterfactual circumstances ... To a first approximation: One asserts the counterfactual conditional if and only if the development [of the antecedent] eventually leads one to add the consequent", 见 Williamson, 2007: 152–153。

[2] 参见 Williamson, 2007: 143。

样的约束？对这个问题的回答是反事实理论面临下文几个疑问的重要线索。此外，这几个疑问又和反事实理论的解释范围息息相关。

（二）反事实理论面临的疑问和它的解释范围

第一个疑问：反事实理论遭遇反例。[1] 安东内拉·玛罗兹（Antonella Mallozzi）指出："反事实地假设如'水不是 H_2O'，或者'克里普克是卡尔纳普的儿子'并不会导致任何逻辑矛盾。"（Mallozzi, 2021a: 1322）所以，至少乍看上去，根据反事实理论，我们可以得出"水可能不是 H_2O"和"克里普克可能是卡尔纳普的儿子"等结论。但本文第一部分指出，"水是 H_2O"和"克里普克不是卡尔纳普的儿子"都是形而上学必然的。也就是说，我们通过反事实判断得出的结论比形而上学可能性的范围广。同理，反事实理论还可以让我们得出"启明星可能不是长庚星""金的原子量可能不是 79"等结论。所以，反事实理论遭遇反例：它让我们得出某些本身不可能的命题可能为真的结论。[2]

第二个疑问：反事实理论面临循环。[3] 面对第一个疑问，威廉姆森其实给出了回应。他用"金的原子量不是 79"为例说明反事实理论并不会遭遇反例。如果要判断"金的原子量不是 79"是否可能，按照反事实理论，即是要判断"金的原子量不是 79 □→⊥"

---

1 参见 Deng, 2016; Mallozzi, 2021a。
2 值得注意的是，可设想性理论也出现过类似的困难，即逻辑可能性比形而上学可能性外延广。所以，一旦将可设想性理解为逻辑可能性，可设想性理论就面临克里普克后天必然性的反例。这也是查莫斯要（引入二维语义学）先填平逻辑可能性和形而上学可能性的差距的原因。玛罗兹也提到这一点（Mallozzi, 2021b）。
3 参见 Boghossian, 2011; Roca-Royes, 2011; Tahko, 2012; Deng, 2016; Mallozzi, 2021a。

的真值。在判断"金的原子量不是 79 □→⊥"的真值时，我们首先假设"金的原子量不是 79"，然后展开反事实想象。威廉姆森认为，如果我们掌握了足够的化学知识，反事实的想象就会受到这些化学知识的约束（前文提到，威廉姆森认为，我们关于自然如何运行的知识会约束我们反事实的想象）。在想象的过程中，无论我们怎么填充、增删、调整细节，"金的原子量是 79"这个事实都会被当作不可删减的背景信息固定下来。这样，我们就会发现，对"金的原子量不是 79"的假设和背景信息"金的原子量是 79"这个事实是矛盾的。因此，我们会得出"金的原子量不是 79 □→⊥"为真，即"¬（金的原子量不是 79 □→⊥）为假"的结论。所以，反事实理论并不会让我们得出"金的原子量可能不是 79"。[1]

如果真如威廉姆森所说，在我们反事实的想象中，势必有某些事实会作为不可删减的背景信息被固定下来。那么，接下来的问题是：被固定下来的究竟是哪些事实？威廉姆森将这些事实称为"构成性事实（constitutive facts）"。[2] 那么，到底什么是构成性的事实？许多哲学家认为，乍看上去，构成性事实至少包括形而上学必然的事实，粗糙地说，即关于事物本质（essence）的事实，比如，自然物质的化学成分、个体和自身的等同关系、金属的原子量、人的生物学起源，等等。[3] 但如果我们在判断一个命题可能性的过程

---

[1] 参见 Williamson, 2007: 164。
[2] 原文是 "If we know enough chemistry, our counterfactual development of the supposition that gold is the element with atomic number 79 will generate a contradiction ... part of the general way we develop counterfactual suppositions is to hold such constitutive facts fixed"，见 Williamson, 2007: 164。
[3] 参见 Deng, 2016; Mallozzi, 2021a。威廉姆森至少提到了金属的原子量和人的生物学起源两个例子，见 Williamson, 2007: 161–164。

中要预设我们关于事物本质的知识,那么反事实理论似乎就陷入了循环。比如说,在判断"金的原子量不是79"不可能的过程中,我们要预设我们已经知道"金的原子量是79"是必然的。

第三个疑问:反事实理论辩护范围过窄。[1] 前文提到,威廉姆森认为,我们关于自然如何运行的知识会约束我们反事实的想象。玛罗兹认为,是自然律规定了"自然如何运行"。所以,在反事实的想象中,自然律也会被当作不可删减的背景信息固定下来。所以,反事实的思考只能让我们获得关于物理可能性的知识。[2] E. J. 劳尔(E. J. Lowe)、邓敦民(Duen-Min Deng)也提出类似的立场。他们指出,威廉姆森的反事实理论只能让我们获得关于因果可能性的知识。[3] 按照各种可能性关系的"标准模型",物理可能性外延比形而上学可能性窄。所以,那些已经为我们所知,但超出物理可能性以外的形而上学可能性,反事实理论就无法解释。所以,在这点上,反事实理论和相似性理论面临同样的困难。

接下来我们考虑反事实理论是否满足我们对模态认知理论的两个期待。第一,它能满足我们的基础期待吗?这个问题相对简单。上文对反事实理论的第三个疑问已经说明,反事实理论不能满足我们的基础期待。[当然,和相似性理论一样,反事实理论解释(C2)—(C4)是没有问题的。] 那么,究竟在哪些具体的例子上反事实理论不满足这个期待,就留给读者思考。第二,反事实理论能满足我们的进阶期待吗?也就是说,它能为模态论证中的模态前提[比如本文列举的(C5)—(C14)]提供辩护吗?关于这一点

---

1 参见 Lowe, 2012; Deng, 2016。
2 参见 Mallozzi, 2021a: 1324。
3 为了前后文行文上的一致,本文粗糙地把因果可能性等同于物理可能性。

的回答，我们必须回到对反事实理论的第一个疑问。前文说过，威廉姆森指出，反事实的想象会受到背景信息的约束。显然，这些背景信息不能仅仅只包括（广义的）逻辑规则，否则就会如玛罗兹指出的，反事实理论会遭遇如"水不是 H_2O"和"克里普克是卡尔纳普的儿子"这样的反例：它们没有逻辑矛盾，但不是形而上学可能的。这也是为何威廉姆森认为，被固定下来的背景信息包括构成性事实，即关于事物本质的事实。

这里，我们先暂时搁置威廉姆森上述回答导致的对反事实理论的第二个疑问，而考虑这些关于事物本质的知识来自哪里。威廉姆森指出，如果我们掌握了足够多的化学知识，就能知道它们（Williamson, 2007: 164）。或者更宽泛一点说，如果我们掌握了足够多的科学知识和经验知识，我们就能知道这些关于事物本质的事实，比如自然物质的化学成分、个体和自身的等同关系、金属的原子量、人的生物学起源，等等。这是没错的。但关键的问题是，即便我们掌握了丰富的科学知识和经验知识，并把它们作为背景信息固定在我们的反事实思考中，我们的反事实思考就能让我们获知哲学讨论中的那些可能性命题，比如（C5）—（C14）吗？乍看上去，这些出现在哲学讨论中的命题并不在科学和经验的范围内。如果真是这样，那么掌握更多的科学知识和经验知识似乎对判断（C5）—（C14）的真值没有任何助益。至少，威廉姆森本人承认，反事实理论无法让我们获知僵尸存在的可能性（Williamson, 2007: 164）。[1] 如果上述推理是正确的，那么反事实理论至少在某些命题上，如"僵尸可能存在"，无法满足我们对模态认知理论

---

[1] 邓敦民也提到这一点，参见 Deng, 2016。

的进阶期待。但是，反事实理论是否有希望让我们判断（C5）—（C14）中其他某些命题的真值，就留待读者思考。

五、结论和后续讨论

从前面三部分的介绍中，我们发现，三种模态认知理论都有一定的解释范围。它们的解释范围和三种可能性外延的"标准模型"紧密相关。如果预设了"标准模型"，那么这几个理论能解释哪些命题和不能解释哪些命题，基本上一目了然了。笔者的观点是，在满足基础期待方面，可设想性理论比其他两个理论做得更好。可设想性理论可以解释我们已有的模态知识如何得来，而相似性理论和反事实理论都未能做到这一点。因为存在某些已知的形而上学可能性，由于它们超出了物理可能性的范围，相似性理论和反事实理论无法解释它们。进一步，更重要的问题是，这三个理论在满足进阶期待方面做得如何？实际上，本文并没有深入探讨这个问题。前文提到，沃里和罗卡-洛斯等人认为可设想性理论不满足进阶期待。她们已经指出，我们的认知能力有限，因而某些命题的逻辑可能性超出了我们的认知能力。所以，我们无法借由可设想性理论判断这些命题的形而上学可能性。但是，这些超出我们认知能力的命题是哪些命题，（C5）—（C14）可能性算子后面伴随的命题在不在这个范围内，仍然是需要探索的问题。至于相似性理论和反事实理论能不能帮助我们判断（C5）—（C14）的真值，也是本文没有讨论的。

所以，后续的讨论是，哲学讨论中出现的可能性命题，如（C5）—（C14）是不是能依赖某个模态认知理论（并不局限于本文介绍的理论，甚至不局限于现有的模态认知理论）得到辩护？接下来，笔者将简要介绍彼得·范·因瓦根（Peter van Inwagen）对这个问题的回答。范·因瓦根对这个问题给予了否定的回答。他认为，我们的模态认知能力有限，因而没有能力获知所有的可能性命题，尤其是哲学讨论中出现的可能性命题。这个立场被称为"温和的模态怀疑论"（以下简称"模态怀疑论"）。[1] 模态怀疑论是非常重要的哲学立场，其重要性主要体现在哲学方法论方面：如果能证明某个特定的模态认知理论（如当下应用最广泛的可设想性理论）无法为哲学讨论中出现的模态陈述（如模态论证的模态前提）提供辩护，那么用可设想性理论为模态论证提供辩护的方式就可以被彻底抛弃。更激进的是，如果能证明所有模态认知理论都无法为模态论证的模态前提提供辩护，那么模态论证——作为哲学讨论中应用极为广泛的论证模式——就可以被彻底抛弃。所以，如果模态怀疑论能够得到辩护，那么它在方法论上有强大的负面意义，即某些被广泛应用的哲学讨论手段，如可设想性论证、模态论证等会被认为是没有作用的。

那么，模态怀疑论是不是能够得到辩护呢？当下这仍然是一个争议极大的问题。为模态怀疑论提供辩护主要有两方面问题需要处理：第一，我们要给出区分非哲学命题［比如（C2）—（C4）］和哲学命题［比如（C5）—（C14）］的标准。只有给定这个标准，我们才有希望提供一个解释，说明为何我们无法凭借某个/任何模态认知理论认识哲学命题。所以，第二个要解

---

[1] 这个立场之所以被称为"温和的模态怀疑论"，是因为范·因瓦根并不否认我们拥有模态认知能力。他完全承认我们已经拥有关于某些模态命题的知识。参见 van Inwagen, 1998。

决的问题是证明为何我们不能获知按照上述标准划分出来的哲学命题。

对第一个问题，范·因瓦根并没有给出一个一刀切的区分标准，而是提供了一种光谱式的刻画和一些例子。他将模态陈述分为日常的（everyday）命题和遥远的（remote）命题两类。本文列举的（C3）和（C4）被他归为前者，（C6）(C11)(C12)被他归为后者。大多数学者在谈到模态怀疑论时，基本上都沿用了范·因瓦根的刻画。[1]但这个刻画至少存在两个困难。第一个困难是，"日常的"和"遥远的"这两个概念本身并不清晰，不同哲学家对它们给出了完全不同的解读。比如，范·因瓦根认为"日常的"是和日常生活紧密相关的（van Inwagen，1998）。斯多明戈、瓦库里（Strohminger & Yli-Vakkuri）和丹尼尔·多恩（Daniel Dohrn）等人把"日常的"解读为离现实世界近的，或者说，和现实世界相似的。[2]托马森（Thomasson）把"日常的"解读为我们的概念系统能确定把握的；把"遥远的"解读为更接近我们概念系统边缘的，我们的概念系统不能确定把握的。[3]但对"日常的"和"遥远的"的解读是不是可以这么随意，这是值得进一步探讨的问题。一个担忧是：如果解读是随意的，那么本文列举的（C2）—（C14），根据不同的解读标准的划分结果很可能是不同的。第二个困难是，无论哲学家们对"日常的"和"遥远的"做出怎样的解读，由于这些解读不是一刀切的，那么在这样的解读下，我们也许可以识别出

---

[1] 参见 Geirsson, 2005; Hawke, 2011; Hartl, 2016; Strohminger & Yli-Vakkuri, 2018; Dohrn, 2019; Hawke & Schoonen, 2021; Thomasson, 2021。

[2] 参见 Strohminger & Yli-Vakkuri, 2018; Dohrn, 2019。当然，"怎样的世界和现实世界更相似"这个问题，不同哲学家又有不同理解。

[3] 参见 Thomasson, 2021: 2089-2090。

最日常和最遥远的命题，但处于中间波段的命题，我们很难确定它们到底属于哪一类。这两个困难会导致一个共同的后果：即便模态怀疑论是正确的，我们也很可能无法对如下命题得到公认的答案，比如（C5）—（C14）中到底哪些能得到辩护，哪些不能得到辩护；到底哪些模态论证还值得继续探讨，哪些模态论证不值得继续花力气。

然后我们考察第二个问题。第二个问题又可以细分为两个：（1）我们是否以及为何不能依赖某些模态认知理论获知哲学讨论中的模态命题？（2）我们是否以及为何不能依赖任何模态认知理论获知哲学讨论中的模态命题？[1] 首先看（1）。范·因瓦根、霍克都试图论证亚布洛式的可设想性理论无能为力，斯多明戈和瓦库里试图论证威廉姆森的反事实理论无能为力。如果他们给出的理由令人信服，那么我们就可以证明利用亚式可设想性理论、反事实理论等为模态论证提供辩护的尝试是无用功。但目前来看，至少范·因瓦根本人提供的理由并不令人信服，盖森（Geirsson）、霍克等人已经给出了令人信服的反驳。[2] 至于其他人为（1）提供的回答是否令人信服，也处于争议之中。[3] 进一步，即便（1）能获得公认的回答，这并不能证明模态论证本身不是有价值的方法论。如果要证明后者，我们必须对（2）提供肯定的回答以及令人信服的理由。但目前为止，对（1）的回答仍处于争论之中，更不用说对（2）能得到公认的答案。所以，可设想性论证、模态论证是不是有价值的方法论，仍是开放的问题。

---

1 哈特尔（Hartl）提出这一点（Hartl, 2016）。
2 参见 Geirsson, 2005；Hawke, 2011。
3 参见 Hartl, 2016；Dohrn, 2019。

致谢

感谢一位匿名审稿人为此文提出了非常有帮助的、建设性的修改意见。

参考文献

Bird, A. (2005). The dispositionalist conception of laws. *Foundations of Science*, 10, 353–370.

Boghossian, P. (2011). Williamson on the *A Priori* and the analytic. *Philosophy and Phenomenological Research*, 82 (2), 488–497.

Chalmers, D. (1996). *The Conscious Mind*. Oxford University Press.

Chalmers, D. (2002). Does conceivability entail possibility. In Gendler, T. S. & Hawthorne, J. (Eds.), *Conceivability and Possibility* (pp. 145–200). Oxford University Press.

Chalmers, D. (2004). Epistemic two-dimensional semantics. *Philosophical Studies*, 118 (1/2), 153–226.

Chalmers, D. (2010). *The Character of Consciousness*. Oxford University Press.

Deng, D.-M. (2016). On the alleged knowledge of metaphysical modality. *Philosophia*, 44, 479–495.

Dohrn, D. (2019). Modal epistemology made concrete. *Philosophical Studies*, 176 (9), 2455–2475.

Frankish, K. (2007). The anti-zombie argument. *Philosophical Quarterly*, 57 (229), 650–666.

Geirsson, H. (2005). Conceivability and defeasible modal justification. *Philosophical Studies*, 122 (3), 279–304.

Gendler, T. S. & Hawthorne, J. (2002). Introduction: Conceivability and possibility. In Gendler, T. S. & Hawthorne, J. (Eds.), *Conceivability and Possibility* (pp. 1–70). Oxford University Press.

Hale, B. (2013). *Necessary Beings: An Essay on Ontology, Modality, and the Relations between Them*. Oxford University Press.

Hale, B. (2021). Essence and definition by abstraction. *Synthese*, 198 (S8), 2001–2017.

Hanrahan, R.R. (2009). Consciousness and modal empiricism. *Philosophia*, 37 (2), 281–306.

Hartl, P. (2016). Modal scepticism, Yablo-style conceivability, and analogical reasoning. *Synthese*, 193 (1), 269–291.

Hawke, P. (2011). Van Inwagen's modal skepticism. *Philosophical Studies*, 153 (3), 351–364.

Hawke, P. (2017). Can modal skepticism defeat Humean skepticism? In Fischer, B. & Leon, F. (Eds.), *Modal Epistemology after Rationalism* (pp. 281–308). Springer.

Hawke, P. & Schoonen, T. (2021). Are Gettier cases disturbing? *Philosophical Studies*, 178 (5), 1503–1527.

Howell, R. (2008). The two-dimensionalist reductio. *Pacific Philosophical Quarterly*, 89 (3), 348–358.

Jago, M. (2021). Knowing how things might have been. *Synthese*, 198 (S8), 1981–1999.

Kment, B. (2014). *Modality and Explanatory Reasoning*. Oxford University Press.

Kment, B. (2021a). Essence and modal knowledge. *Synthese*, 198 (S8), 1957–1979.

Kment, B. (2021b). Varieties of modality. In Zalta, E. N. (Ed.), *The Stanford Encyclopedia of Philosophy*. https://plato.stanford.edu/archives/spr2021/entries/modality-varieties/.

Kripke, S. (1980). *Naming and Necessity*. Harvard University Press.

Lowe, E. J. (2008). Two notions of being: Entity and essence. *Royal Institute of Philosophy Supplement*, 62, 23–48.

Lowe, E. J. (2012). What is the source of our knowledge of modal truths? *Mind*, 121 (484), 919–950.

Mallozzi, A. (2021a). Superexplanations for counterfactual knowledge. *Philosophical Studies*, 178 (4), 1315–1337.

Mallozzi, A. (2021b). Two notions of metaphysical modality. *Synthese*, 198 (S6), 1387–1408.

Mallozzi, A., Vaidya, A. & Wallner M. (2021). The epistemology of modality. In Zalta, E. N. (Ed.), *The Stanford Encyclopedia of Philosophy*. https://plato.stanford.edu/archives/fall2021/entries/modality-epistemology/.

Menzies, P. (1998). Possibility and conceivability: A response-dependent account of their connections. In Casati, R. (Ed.), *European Review of Philosophy*, *3* (pp. 255–277). University of Chicago Press.

Mizrahi, M. & Morrow, D. (2015). Does conceivability entail metaphysical possibility? *Ratio*, 28(1), 1–13.

Nute, D. (2011). A logical hole the Chinese room avoids. *Minds & Machines*, 21 (3), 431–433.

Plantinga, A. (1974). *God, Freedom, and Evil*. Eerdmans.

Prelević, D. (2015). Modal empiricism and knowledge of de re possibilities: A critique of Roca-Royes' account. *Organon F: Medzinárodný Časopis Pre Analytickú Filozofiu*, 22 (4), 488–498.

Roca-Royes, S. (2011). Modal knowledge and counterfactual knowledge. *Logique et Analyse*, 54 (216), 537–552.

Roca-Royes, S. (2017). Similarity and possibility: An epistemology of *de re* possibility for concrete entities. In Fischer, B. & Leon, F. (Eds.), *Modal Epistemology after Rationalism* (pp. 221–246). Springer.

Searle, J. (1990). Is the brain's mind a computer program? *Scientific American*, 262 (1), 26–31.

Shaffer, M. J. (2009). A logical hole in the Chinese room. *Minds & Machines*, 19 (2), 229–235.

Shoemaker, S. (1998). Causal and metaphysical necessity. *Pacific Philosophical Quarterly*, 79 (1), 59–77.

Sidelle, A. (2002). On the metaphysical contingency of laws of nature. In Gendler, T. S. & Hawthorne, J. (Eds.), *Conceivability and Possibility* (pp. 309–336). Oxford University Press.

Strohminger, M. & Yli-Vakkuri, J. (2018). Moderate modal skepticism. In Benton, A., Hawthorne, J. & Rabinowitz, D. (Eds.), *Knowledge, Belief, and God: New Insights in Religious Epistemology*. Oxford University Press.

Tahko, T. E. (2012). Counterfactuals and modal epistemology. *Grazer Philosophische Studien*, 86 (1), 93–115.

Thomasson, A. L. (2021), How can we come to know metaphysical modal truths? *Synthese*, 198 (S8), 2077–2106.

Vaidya, A. (2017). The epistemology of modality. In Zalta, E. N. (Ed.), *The Stanford Encyclopedia of Philosophy*. https://plato.stanford.edu/archives/win2017/entries/modality-epistemology/.

Van Inwagen, P. (1998). Modal epistemology. *Philosophical Studies*, 92

(1/2), 67–84.

Williamson, T. (2007). *The Philosophy of Philosophy*. Blackwell Publishing.

Wilson, M. D. (1978). *Descartes*. Routledge & Kegan Paul.

Worley, S. (2003). Conceivability, possibility and physicalism. *Analysis*, 63 (1), 15–23.

Yablo, S. (1993). Is conceivability a guide to possibility? *Philosophy and Phenomenological Research*, 53 (1), 1–42.

Title: Epistemology of Modality: Some Popular Theories and Their Explanatory Scope

Abstract: The epistemology of modality investigates how we acquire knowledge or justification about possibilities (and necessities). This article introduces three representative theories of possibility: conceivability-based rationalism, similarity-based empiricism, and counterfactual-based theory. The article uses the "standard model" of the extension relations between logical possibility, metaphysical possibility, and physical possibility to analyze the explanatory scope of each theory. The article particularly focuses on whether they can justify the modal premises of common modal arguments. Finally, the article briefly introduces a position called modal skepticism, which says that commonly asserted modal statements in philosophical discussions cannot be justified. Whether modal skepticism holds depends on the explanatory scope of (existing and future) modal epistemologies, which is a topic for further discussion of this article.

Keywords: epistemology of modality; conceivability-based theory; similarity-based theory; counterfactual-based theory; modal skepticism

批评与回应

编 者 按

本辑《批评与回应》的内容取自 2022 年 6 月 12 日由北京大学哲学系和外国哲学研究所举办的第一期"新书评议工作坊"。本次工作坊由程炜组织，讨论了复旦大学哲学学院王纬的新著《推动者、第一因和必然性》（北京大学出版社 2021 年版）。

来自重庆大学哲学系的刘珂舟、中国社会科学院哲学研究所的刘未沫、中国政法大学哲学系的苏峻、北京大学哲学系的郑中华、中国人民大学哲学院的刘玮，在工作坊上分别对王纬著作的五个章节进行了批评性的评议，来自天津外国语大学的吕纯山对王纬的著作做了整体性的评论。每一篇评议之后由王纬回应，并与参会学者展开讨论。

本辑收录了刘珂舟、刘未沫、苏峻、郑中华四位评议人针对王纬一书前四章经过修订的评议文章，以及王纬针对四篇评议专门为《哲学评鉴》撰写的回应文章（王纬一书第五章相对简短和独立，本专栏未收录相关讨论）。这些批评与回应共同展示了中国学者在亚里士多德物理学和形而上学研究方面的最新进展与思想交锋。

《物理学》第八卷和《形而上学》Λ 卷中的不动的推动者

——评《推动者、第一因和必然性》第一章

刘珂舟[1]

长久以来，亚里士多德的不动的推动者（unmoved mover）学说往往被视为其理论哲学中远远落伍于时代的部分，对于《形而上学》，20 世纪的大部分研究者显然更关注以质形论（hylomorphism）模型为中心的实体卷（ZHΘ），而对于《物理学》，较为热门的研究方向主要是对运动、时空和无限等概念的重新考察，至于第八卷中关于永恒天体的运动，以及天体与其推动者间的因果关系，往往难以引起研究者的广泛兴趣。这种现代哲学导向的研究趣味，尽管有其合理性，却在一定程度上偏离了亚里士多德本人对于理论哲学的理解，也不符合亚里士多德哲学在流传和接受史中的主流解释。这里我们只需要提及两个人物：阿奎纳的《形而上学》评注以讨论分离实体的 Λ 卷作为终点（同时是顶点），而

---

[1] 刘珂舟，重庆大学哲学系讲师，主要研究古希腊哲学、德国哲学。电子邮箱：liukezhou@outlook.com。

黑格尔同样将理智思维（也即宇宙的第一推动者）的自身指涉关系视为亚里士多德哲学思考的中心。进入 21 世纪以来，对于亚里士多德理论哲学，尤其是对于其第一哲学中所谓"神学"部分的研究，开始逐渐回暖，这在很大程度上是因为研究者们逐渐意识到，亚里士多德的第一哲学或形而上学同时囊括了对存在问题在水平层面（horizontal）与垂直层面（vertical）的综合考察。因此，《形而上学》一方面关乎"存在之为存在"（τὸ ὂν ᾗ ὄν, 1003a21），另一方面是对"第一原因和本原"（τὰ πρῶτα αἴτια καὶ τὰς ἀρχὰς, 981b28-29）的探究。在这个意义上，第一哲学不仅仅是狭义的"理性神学"或"特殊形而上学"，而同样应该包括对世界现实结构普遍化和多层次的理解，也即所谓"因其首要而普遍"（καὶ καθόλου οὕτως ὅτι πρώτη, 1026a30-31）。

王纬的新著《推动者、第一因和必然性》就是在这一方向上的努力，这部著作重点关注了亚里士多德理论哲学中不动的推动者的部分，即所谓"神学"部分，这在国内之前的同类著作中是较少涉及的；与此同时，这部著作的研究又不仅仅是关于永恒推动者的专题考察，而是以不动的推动者这一理论模型为中心，全面检视亚里士多德理论哲学核心的系统性工作。按照作者本人的介绍，全书处理的基本问题有三个：其一，不动的推动者的数量是一还是多；其二，不动的推动者如何造成运动变化；其三，不动的推动者展现何种模态。这里简要讨论全书的第一章，主要涉及第一个问题。

作者反对传统研究对于亚里士多德"神学"的"一神论解释"，而主张存在多个不动的推动者，这部分内容涉及《物理学》第八卷和《形而上学》Λ 卷这两个重要文本，由于后者实际上更多地包含对不动的推动者相关哲学理论依据的探讨，因此在第一章的工作中没有完全将其纳入考察。可以看到，在章节内容的设定上，作者实际上已经对《物理学》第八卷和《形而上学》Λ卷可能的不同关涉有了足够的敏感，尽管他在注释中表示，对《物理学》第八卷是神学还是自然哲学这一问题保持中立。由于Λ卷后半部分关于永恒推动者的证明不仅相当简短，而且在论证步骤上严重依赖于《物理学》第八卷，因此，从后者切入关于不动的推动者的论证，的确是相对可靠的研究路径。当然，作者没有对《物理学》第八卷的所有主题一视同仁，他的讨论内容与不动的推动者的数量这一引导问题有着直接的关系，首当其冲的就是无穷倒退论证和唯一性论证。

对于《物理学》VIII. 5中的无穷倒退论证，作者准确地把握了其基本结构：并非一切被他物推动者都总是被另一个被他物推动者所推动，否则会出现无穷倒退问题，因此必然存在第一推动者，要么不被推动，要么被其自身推动，而在后一种情况中，我们又可以将其分解为不动的推动部分和被推动的部分。可以看出亚里士多德的论战目标明显是柏拉图的观点，尤其是将灵魂视为自我推动者（self-mover）的立场。在亚里士多德看来，灵魂必须是不动的推动者，也即作为自我推动者的生物的不动部分，而不是严格意义的自我推动者。事实上，三个无穷倒退论证都预设了反对自我推动者的立场。这里面较为复杂的是第三个论证，其基础框架建立在"偶然（κατὰ συμβεβηκός）"与"本质（καθ᾽ αὑτό）"的区分之上。作者重点探讨了"如果运动本质地属于推动者"会有怎样的结果。按照他对亚里士多德这一论证的分析，倘若推动者本质地以自身运动推动被推动者运动，那么会存在两种情况，要么（1）产生相同种类的变化，要么（2）产生不同种类的变化。对于（1），推动者不可能和被推动者经历同样的运动变化，因为推动者的现实性不同于运动由潜能到现实的过程（运动只能被理解为较弱意义的现实性）。在这里，我们需要注意亚里士多德关于教学的例子，类似的例子也出现在 Θ.8 讨论现实相对于潜能优先性的论证中（1050a17-19），其理论基础同样是严格意义的现实与过程导向的运动之间的区别。对于（2），由于运动类型的限制，同样不可能无限倒退，最终又会出现（1）的情况，这显然会和预设矛盾。作者认为这三个论证实际上都符合两条论证策略，要么通过有限步倒退来到不动的推动者，要么通过有限步倒退来到自我推动者，并进一步来到后者的不动的推动者部分。由于无穷倒退论证本身的普遍适用性，这一论证显然不能直接支持不动的推动者唯一性的立场。

接下来的第二节中，作者讨论了《物理学》VIII.6 中的唯一性论证。我们看到，这一论证实际上依赖于 VIII.1 和 VIII.2 中的运动永恒性这一前提，而关于宇宙中必然存在永恒运动，并由此推导出第一推动者的存在，也是在《形而上学》Λ.6 中被简化运用的相同论证策略（1071b6–11）。因此，这里的关键其实是对永恒运动必然存在的证明，而亚里士多德的理由在于，前后相继的运动序列不可能是永恒的，只有一个连续的永恒运动才能保证宇宙的运动是永恒的。作者提醒我们注意，这一论证本身虽然确实证明了存在一个永恒的第一推动者，它也是被设定的连续的永恒运动的原因，但它并不是宇宙中所有运动的最终原因。需要注意的是，作者在此处部分偏离了本章开篇提到的问题，即"亚里士多德是否认为存在着众多不动的推动者"。因为如果仅仅针对这一问题，那么唯一性论证所讨论的只是第一推动者，其存在及其唯一性并不影响在它之外存在众多不动的推动者的可能性。实际上，作者在论证中试图证明的是一个更强的命题，即第一运动与第一推动者之间严格的单一因果对应关系:"第一推动者并不造成世界上的所有变化。这也意味着世界上存在着其他的推动者,其造成的因果效力并不需要被还原到'第一推动者'那里。"(pp. 12-13)作者还引用了《物理学》VIII. 6 中的论述(260a12-19),强调第一推动者本身与其所造成运动的单一性(μίαν καὶ ἁπλῆν κινήσει κίνησιν, a18-19)。在这个意义上,作者的论证目标,从反对第一推动者作为单一的不动的推动者(这个问题实际上并不受唯一性论证的影响),转换为了更为严格反对第一推动者与第一运动之外的其他运动变化有任何因果关联,而这一反对,如果仅从第二节来看,论证的充分性似乎仍有待提高。因为我们知道,对亚里士多德而言,效力因的还原并不总是直接的,而是可能经历漫长的因果链条;也即是说,第一推动者当然没有直接推动宇宙中的其他非永恒实体的运动变化,但这并不影响它所推动的永恒运动对天体世界(作者在之后的讨论中,已经涉及了不同永恒推动者在因果链条上的交叉)和月下世界变化运动的影响。亚里士多德在《形而上学》Λ 卷提到,对于人的生成这一变化,除了"人生人"中的父辈个体,太阳和黄道也是可能的效力因(Λ. 5.1071a14-16,对亚里士多德而言,永恒天体的运动与生成毁灭的持续是有明确因果关系的,参见《论生成与毁灭》II. 10. 336a16ff.)。这意味着,第一推动者对世界运动变化的系统性影响可能是全方位和系统化的(ἔτι παρὰ ταῦτα τὸ ὡς πρῶτον πάντων κινοῦν πάντα. Λ. 4.1070b34-35)。因此,《物理学》260a12-29 中的"单一"可能更多地针对第一永恒运动本身,而非针对第一推动者因果效力所及的所有变化类型和数量。

在接下来的第三节和第四节,作者延续了他对多个不动的推动者这一命题的扩展,论述了亚里士多德如何将这一模型扩展到其他天体推动者以及生物灵魂。在论述中，作者认为《物理学》VIII. 6 中的两段论述都支持灵魂作为不动的推动者的观点，这在我们看来确实是亚里士多德理论哲学的应有之义，问题只是在于，既然灵魂是"可以在偶然的意义上推动自身的不动的推动者"，我们应该如何理解这种偶然性。按照作者的解释，所谓偶然性意味着生物灵魂仍然寓于身体之内，因而随着身体的运动而运动，但这种偶然性本身并不影响灵魂本身作为不动的推动者的严格性。然而，至少从文本论证本身来看，亚里士多德的这一论述多少还是强调了生物身体对其灵魂的限制。我们当然可以将作为内在形式的灵魂视为和身体不同的实体，但这一区分仍然是概念上的（conceptual），而不是实存上的（existential）区分，因为灵魂终究不能脱离身体而存在。[1] 所以，亚里士多德强调灵魂作为自我推动者的偶然性，似乎仍然是为了坚持质形区分在概念层面的严格性：倘若灵魂不是偶然的，而是本质的自我推动者，那么按照亚里士多德在《论灵魂》中的立场，自我推动者必然是质料性的，这将会威胁灵魂和身体的基本区分。不过，这在多大程度上意味着，我们可以将灵魂视为"严格意义上的"不动的推动者，似乎仍有疑问，这直接体现在，灵魂对身体的推动和第一推动者对永恒运动的推动相比，前者似乎和身体的相关性更强，其所产生运动的"单一性"则更弱。如果我们考察作者引用的《物理学》VIII. 6 中的文本（258b13-259a7，pp. 15-16），我们会看到，亚里士多德似乎仍然在可朽与永恒的不

---

[1] 需要注意的是，在亚里士多德看来，形式在概念层面的分离性也预设了形式和质料在本体层面的（ontological）区别，但这一区别不同于两者在实存层面的（existential）分离，亚里士多德在本体层面对质形区分的论述主要集中在生成分析中（《形而上学》Z. 7-9, Λ. 3）。

动的推动者之间进行了划分，而所有可朽的不动的推动者存在（与不存在）的原因似乎都仍然需要追溯到第一推动者。

第四节是第一章中最具原创性的一节。作者在这一节中要解决的问题是，如何理解亚里士多德在《物理学》259b1-8 中的一个关键陈述："动物仅仅在一种变化的意义上是自我推动者，并且严格来说，它们在这种变化中也不是自我推动者，原因不来自其本身。"对于这一论断，有两类三种解释。其一，将位移运动和其后讨论的"其他自然变化"（259b14-20），诸如生长和消化等，做类比理解，动物"其他自然变化"的原因来自外部而非自身，其位移运动的变化原因也应该是外在的。其二，玛莎·努斯鲍姆（Martha Nussbaum）主张动物位移的原因乃是外在的思想或欲望对象，也即意向对象（intentional object）。其三，本杰明·莫里森（Benjamin Morison）认为，所谓"原因不来自其本身"，是指动物位移的原因仅仅是灵魂，而不是作为动物整体的身心复合体，在这个意义上动物不是自我推动者。在作者看来，这三种解释都不能满足两个看似矛盾的条件：一方面动物的自我运动确实有外在限制；另一方面动物的确是自我推动者，而灵魂是其身体位移的不动的推动者。与之相对，作者提出了一种全新的解释，这一解释的基础是本质（essence）与实存（existence）之间的区分，按照这一区分，灵魂决定的乃是动物位移的本质，也即其方向和速度等，所以动物是自我推动者，而外在限制所决定的乃是诸如生长和消化等"其他自然变化"，这些变化将会影响甚至打断动物位移活动的实存，所以在这个意义上，外在限制对动物自身推动的影响也是确实的。作者引用《睡与醒》的相关讨论提醒我们注意，睡眠和苏醒属于灵魂的"核心感知部分"，因而可以影响灵魂感知部分覆盖的一切官能，包括位移运动。

作者对上述命题的论证总体较为令人信服，不过我对于这一解决方案的细节方面仍然有一些担忧。其一，如果我们仅仅将动物自身运动的外在限制理解为提供营养的食物，并认为消化和营养通过睡和醒影响了动物位移运动的持续性，那么这一外在限制似乎仍然较弱。因为这仍然解释不了，为什么在苏醒状态下，动物也不是持续进行位移运动；这似乎说明，外在限制（食物及与食物相关的营养和消化等活动）对于动物自身推动的影响仍然是作为更为基础性的条件，也即作者提到的，营养活动维持身体器官的新陈代谢，从而保证动物有运动变化的能力（p. 32）；但这种条件或限制似乎仍然和动物自身推动的原因（cause）有一定差距。[1] 在作者接下来引用的 253a15—20 中，尽管亚里士多德提到，睡眠和苏醒是在外在环境推动下产生的，但他并未直接提及睡眠和苏醒是如何影响理智和欲求，进而引发动物的自我运动的，如果我们参考《形而上学》Λ.7 中对第一推动者作为理智和欲求对象的讨论（1072a26ff.），努斯鲍姆所主张的"意向解读"似乎仍然有可取之处。其二，无论我们遵从哪一种解释方案，动物的自身推动仍然受外部环境的限制，这导致其自身推动的位移活动不是"连续的"。倘若我们承认动物作为自我运动者所受到的限制，那么我们似乎也需要承认动物灵魂作为不动的推动者所受到的限制，在上述论证中，这一限制最直接的体现就是时间上的非连续性。这样一来，作为受限制的不动的推动者，动物灵魂在何种程度上仍然可以是严格意义上的不动的推动者，或者和第一推动者一样严格意义的不动的推动者，似乎就

---

[1] 感谢吴天岳老师在讨论中对条件和原因之间可能区分的提醒。

仍然需要进一步的解释和论证。

第一章的第六节关于《形而上学》Λ卷中不动的推动者的数量，又分为三部分，其中第一部分讨论Λ.8的地位问题。从直观上看，Λ卷中与不动的推动者数量问题最直接相关的就是Λ.8，亚里士多德在其中详细讨论了有多少个不动的推动者作为天体运动的原因。按照维尔纳·耶格尔（Werner Jaeger）流传甚广的发展史观点，Λ.8是亚里士多德晚期的作品，是在较晚的时间才被置于Λ卷中的，主要理由包括两点：其一，Λ.8对不动的推动者数量的讨论似乎和Λ弥漫的"一神论"氛围冲突，尤其与Λ.7及Λ.9的相关论述存在张力；其二，Λ.8对问题分析较为细致，但Λ卷的整体基调则是较为简略和精练的，加之弗里德里希·布拉斯（Friedrich Blass）在19世纪就已经发现，Λ.8的主体论证部分存在与其他各章不同的避免元音连读现象（Hiatus），这似乎也印证了Λ.8的特殊性。作者令人信服地指出，耶格尔的这两点主要理由都站不住脚。首先，Λ卷的其他部分所谓"一神论"倾向并不明显，Λ.10结尾被经常引用的荷马诗句更多是针对老学园派非连续性"片段式"的实体学说。其次，作者参考了斯蒂芬·门恩（Stephen Menn）讨论亚里士多德文本编辑问题的思路，指出避免元音连读的段落并不能排除Λ.8是由亚里士多德本人加入Λ卷的可能性。[1]

第六节的第二部分讨论Λ卷的总体结构问题，尤其是Λ.1-5与Λ.6-10的关系。传统上认为Λ.1-5讨论可感实体，Λ.6-10讨论不可感实体。耶格尔进而认为Λ.1-5对应物理学内容，而

---

[1] 类似对《形而上学》编辑者的讨论，参见Menn, 1995。

Λ.6-10 对应形而上学内容。作者针对耶格尔这一立场的主要批评是，Λ.1-5 尽管分析可感实体，但讨论的是其本原和原因，而作为可感实体本原的实体性形式，实际上也是不可感的。由于篇幅所限，作者没有过多展开这一问题，但他给出的总体方向是令人信服的：Λ 卷的前后两部分不是截然分裂的关系，而是同一个研究不同部分的递进关系。当然，这部分内容实际上和第六节的第三部分高度相关，作者进一步考察了《形而上学》中关于实体性形式的不变性和可朽性的讨论，这实际上也是为了说明，Λ 卷的前半部分，乃至整个《形而上学》的实体卷，由于主要处理实体性形式，应该从属于第一哲学的整体，而不是属于物理学研究。作者这一部分讨论涉及的问题较多，这里无法细致处理所有问题，因此主要提及这部分讨论中较为精彩，也较有启发性的几点。

首先，作者准确地注意到了实体卷和 Λ 卷联系的一个关键节点，这就是 Λ.3 中的生成分析（对应 Z.7-9），这是 Z 卷和 Λ 卷的主体论证中堪称平行的唯一节点。我们可以看到，生成与毁灭作为实体变化，在亚里士多德形而上学体系中占据举足轻重的位置。尽管在实体卷和 Λ 卷的前半部分中，亚里士多德的研究对象仍然是可感实体，但是他的分析目标却是实体性形式，而生成分析最重要的结论之一，恰恰就是实体性形式不承受生成变化。如果我们把目光转向 Z.7 就会发现，实体性形式是第一实体这一重要结论（1032b1-2）和 Z.8 论证的形式的非生成性，有相当紧密的关联，而亚里士多德的这一论证实际上也是一个无穷倒退论证。其次，作者还关注到，亚里士多德对人工造物和自然生物这两类实体似乎有所区分，比如在 H.3 的这段讨论中，亚里士多德指出："可朽事物的实体是不是可分离的，这一点还不清楚。但清楚的是在某些情况下，分离是不可能的，即那些不能脱离个体而存在的东西，如房屋和家庭用具。"（1043b18ff.）作者在之后的分析中认为，亚里士多德把人工实体的分析模型扩展到了自然实体（这一点仍存在进一步讨论的空间），因此实体性形式存在和非存在，但不经历生成和毁灭。最后，作者从实体性形式的因果优先性出发，反驳了克里斯多夫·希尔兹（Christopher Shields）从当代心灵哲学模型出发，对亚里士多德质形关系（也即身心关系）的理解：如果实体性形式在质形复合体生成过程中本身不经历运动和变化，那么，形式作为效力因和目的因就不可能是某种随附或涌现的产物，也即是说，形式是因而不是果。因此，亚里士多德式的质形论不是能被笼统还原的简单模型，而是包含更多复杂预设的形而上学理论。

如果我们延续亚里士多德对于人工和自然实体所做的区分，可以看到，H.3 中对于人工形式和自然形式是否分离的问题并非无的放矢。亚里士多德在 Z.3 和 H.1 中都承认，形式和质形复合物在某种程度上都是分离实体，只是两种实体的分离种类本身各不相同：质形复合物是绝对或单纯的分离，而形式则是概念分离（1029a27-28，1042a23ff.）。在 H.3（以及同样在 Λ.3 中），亚里士多德之所以显示出对形式分离性的犹豫，其原因很可能在于他并不承认人工实体是严格意义的实体，也不承认人工形式是严格意义的实体性形式；然而对于自然实体及其形式（生物灵魂）而言，情况则不同，我们在《论灵魂》中已经看到，亚里士多德实际上一直清楚地利用了"分离"的多义性，并将其应用于不同灵魂部分。[1]

---

[1] 灵魂部分的概念分离性同样有其本体论预设，而不仅仅意味着语词澄清，详细讨论参见 Corcilius & Gregoric，2010。

在这个意义上，作为灵魂整体的自然形式，也必然至少需要实现概念分离这一标准。如果从这个角度看，《形而上学》的实体卷和 Λ 卷之间，乃至 Λ 卷本身的前后部分之间，主题过渡和转换就更加清楚明白：亚里士多德从对概念分离的实体性形式（尤其是自然形式，即生物灵魂）的研究，进展到了对与一切质料性存在绝对分离的第一本原的研究，而两者在一定程度上都可以被视为分离的现实性（也即作者所讨论的不动的推动者）。结合作者在之后的章节中对于单方面接触这一重要话题的讨论，我们可以看到，亚里士多德第一哲学的统一性，或许就存在于实体性形式和第一本原两者在存在样态（分离现实性）和因果模型（不动的推动者）的类比关系中。

参考文献

Corcilius, K. & Gregoric, P. (2010). Separability vs. difference: Parts and capacities of the soul in Aristotle. *Oxford Studies in Ancient Philosophy*, 39, 81–120.

Menn, S. (1995). The editors of the Metaphysics. *Phronesis*, 40 (2), 202–208.

《论天》中"天"的推动者可能是其位置吗？
——评《推动者、第一因和必然性》第二章

刘未沫[1]

王纬的《推动者、第一因和必然性》第二章题为《〈论天〉中的宇宙运动及其推动者》。正如他在导言中所说，第二章与第一章对《物理学》第八卷和《形而上学》Λ卷的处理，共同构成对流行的"一神论"解释的反对，这种解释认为亚里士多德主张仅仅存在一个严格意义上的"不动的推动者"，即"第一推动者"或"神"。与这种流行解释相反，作者在这两章中的目标是论证在亚里士多德的系统中，存在数量为多的不动的推动者。

在第一章，作者通过《物理学》VIII.5中的无穷倒退论证，说明亚里士多德的文本不支持不动的推动者是唯一的；同时，《物理学》VIII.6中的唯一性论证，仅仅是建立第一推动者与恒星天运动的关联，而不包括第一推动者与其他运动的因果链条，这就为月上界还存在着多个永恒的不动的推动者，以及月下界也存在数量众多

---

[1] 刘未沫，中国社会科学院哲学研究所副编审、中国社会科学院大学副教授，主要研究古希腊自然哲学、古代科学史和比较哲学。电子邮箱：liuweimo@gmail.com。

的可朽的不动的推动者留出了理论空间。作者继续说明,《物理学》VIII. 6 甚至包含(生物的)灵魂是严格意义上[1]的不动的推动者的证明,而《形而上学》Λ 卷(尤其是 Λ. 8)则为月上界存在多个永恒的不动的推动者提供了正面支持。

进入第二章,作者的处理对象从《物理学》转向《论天》。从最小化的目标来说,第二章的目的是论证《论天》与第一章从《物理学》和《形而上学》中得出的结论并不冲突(参见"导言",p. ii)。为了达到这个目标,作者首先在第二章的"导论"中批评耶格尔之后在亚里士多德自然哲学研究方面流行的"发展论"观点。这种观点认为,亚里士多德关于宇宙推动者的看法大致可以分为三个阶段:第一,在早期散佚的对话《论哲学》(*De Philosophia*)中,亚里士多德认为天球被**内在灵魂**所推动,是一种意愿运动,代表了他与柏拉图类似的想法,这个时期的亚里士多德是柏拉图的坚定追随者。第二,中期质料主义,以《论天》为代表,亚里士多德放弃了内在灵魂解释,而将天球运动的原因归结为其**质料**,认为与永恒圆周运动相对应的质料是一种不同于四元素的第一简单物(the first body)。第三,亚里士多德在其思想的最后成熟阶段,也就是在《物理学》后半部分和《形而上学》Λ 卷中,才真正"抵达"了他关于宇宙运动解释的最终看法:任何运动都被一个**外在的不动的推动者**所推动,整个宇宙被一个最高的不动的第一推动者所推动。在这种解释中,《论天》正处于亚里士多德思想发生转折的关键时期,因而要批判这种"发展论",最好直接从这个转折点入手。

从《论天》出发批评这样一种三段式"发展论"观点,似乎有

---

[1] "严格意义上"的说法似乎过强,参见刘珂舟对第一章的评议。

几种备选方案。首先，解释者可以模糊第一和第二阶段的界限，说明《论天》虽然在第一卷论证第一元素的自然运动是圆周运动，但仍然延续了天球被内在灵魂推动的看法，因为单靠质料似乎无法解释不同层的天球有不同的运动方向。其次，解释者可以模糊第二和第三阶段的界限，说明虽然《论天》中尚未出现以不动的推动者来解释运动的模型，但第一和第二卷中的一些说法也都为存在超出宇宙之外的第一推动者保留了理论空间。最后，解释者还可以采用一种更精微（subtle）的发展论，认为亚里士多德的思想在整个过程中既有连续又有变化，例如约翰森就认为，虽然亚里士多德在《论天》中似乎放弃了宇宙有灵魂的看法，但那是因为此时他的灵魂观念仍然是柏拉图式的，即认为灵魂是自我推动者，一旦他发展出自己的灵魂作为不动的推动者的观点，那么亚里士多德就可以重新迎回宇宙是由灵魂推动的观点。[1]

这几种方案都可以达到作者在全书导言中所说的目的，即表明《论天》与《物理学》第八卷、《形而上学》Λ 卷"不矛盾"。但作者显然更有雄心，他选择了一种最大化的"不矛盾"解释，即论证亚里士多德在《论天》中的看法相较于"成熟作品"没有任何实质变化。

具体来说，作者希望在第二章论证：《论天》一方面**支持**存在一个外在于整个宇宙的、无广延的第一推动者（区别于为之保留理论空间）；另一方面，除第一推动者外，《论天》也能够**支持**存在众多外在于各个天球的不动的推动者。换句话说，《论天》这一被发展论看作亚里士多德思想"中间阶段"的作品，不仅为他"成熟阶

---

[1] 参见 Johansen, 2009。

段"的思想保留了余地("最小化的解释"),而且直接为后者提供了正面支持,且这种支持对月上永恒世界的成员来说是完备的(不仅包括恒星天的不动的推动者,也包括所有其他天球的不动的推动者)("最大化的解释")。选择这种最大化的解释,第二章的功能也就不仅是批评"发展论",而是进一步为第四章的正面立论做准备。实际上,作者在第二章的确已经得出了一个非常令人惊讶的正面结论,即外在于整个宇宙的、无广延的第一推动者是宇宙的位置(τοπὸς)(或某种类似于位置的东西,参见 p. 68,注释 2)。根据亚里士多德在《物理学》中对"位置"的定义——囊括/包裹着某物的不动的内边界(《物理学》IV. 4.212a20-21),这正好与作者希望在第四章讨论不动的推动者时论证的"单方面接触"模型完美契合(具体参见 pp. 162–178)。

作者所选择的最大化解释方案,在第二章中分两个步骤进行。第一步,作者处理《论天》中被认为是宇宙作为质料意义上的自我推动者的一系列文本证据,试图论证"第一简单物"(或"以太")[1]不是宇宙的最高推动者,宇宙是被外在推动的,并且正面说明这个外在的最高推动者就是宇宙的位置。第二步,作者补充处理宇宙和天球被内在动力推动的另一选项——灵魂,他要否定这个选项在《论天》中的可能性。作者高密度和细致的文本分析,使第二章环环相扣,同时将第二章的激进方案与后面章节连缀成一个相当统一的整体。虽然我认为作者的结论,即第一推动者是宇宙的位置,几

---

[1] 严格来说,亚里士多德自己只用过"第一简单物"指天球的质料。"以太"只在他引用前人说法时出现,亚里士多德肯定这个名称只是由于它与自己的理论不冲突〔基于他自己的词源分析,以太(*aether*)与"一直跑(*aei thein*)"相关〕(《论天》I. 3.270b20-25)。而"第五元素"或"第五简单物",则是亚里士多德从来没有使用过的名称。

乎不可能成立，但反驳起来却牵一发而动全身，需要给出对文本的替代性解释，这至少要用独立的文章来完成。这里我仅在第一部分的批评中，给出部分的替代性解释。而第二部分的讨论主要是驳论性的，指出作者在达成其方案中面临的困难。

一、《论天》I. 9 279a18–b3: 时间的界限，还是空间的界限？

作者论证的第一步，是说明宇宙的最高推动者或第一推动者不是"第一简单物"，而是宇宙的位置。其中最重要的是处理《论天》I. 9 一段无论在古代评注者还是在现代学者中都有很大解释分歧的文本。这段文本位于 I. 9 的最后一部分（279a18–b3），相对于 I. 9 前面大部分关于宇宙唯一性的精巧论证，[1] 显得有些"离题"。但这种"离题性"也成为争议的核心：这段文本的内容究竟是与前面一致的对物理学/自然哲学（physics and natural philosophy）讨论的继续，还是属于（通俗的和哲学的）神学 [（popular and philosophical）theology]？

作者认为，他是将这一段落完全作为物理学/自然哲学讨论的继续，并且将这段文本中的 τέλος 理解为空间的界限（pp. 66–67），然后将 τέλος 等同于πέρας，并进一步解释为天球的"位置"（τόπος, pp. 70–71）。

我与作者的主要分歧在于这段文本中的 τέλος 不应该被理解为

---

[1] 关于这个论证，参见笔者在《亚里士多德对多宇宙观点的批评》一文中的重构，《自然辩证法研究》2015 年第 5 期。

空间的界限——因而就不可能推出是恒星天的位置,而是指时间的界限,即终极。[1] 因为时间之终极(τέλος)作为生命长度,正是这段在每个生命的寿命与天的寿命之间能够建立类比的相似性。月下生命与"天"之间的差异,在于"天"之生命无限(无涯)而月下生命终有一死(生之有涯);在这个意义上,"天"才拥有最好的和最自足的生命。这样一来,整个段落讨论的重心似乎就不是探讨天之运动来源的物理学问题,而是从生命时间之有限与无限来探讨神的本性问题。下面是我对与作者存在理解分歧的这段关键文本的翻译:

> [I]鉴于此〈即天外无物体,亦无位置、虚空和时间〉,那里的东西(τἀκεῖ)就其本性不在任何位置中,时间也不会使它们变老,任何超出了(ὑπὲρ)最远的位移运动的东西都不会经历任何一种变化,而是始终不变、不受影响,拥有最好和最自足的生命,终其天年(διατελεῖ τὸν ἅπαντα αἰῶνα)。[II]古人以神圣的方式称呼此名〈αἰων〉。因为终极(τέλος),即囊括着每个生命的时间的终极(在其之外,按本性没有任何存在),就被称为每个生命的寿数(αιων)。出于同样的理由,整个天的终极,即囊括着整个时间甚至无限的终极,就是"天年(αἰων)"——这个词源于"永远存在(τοῦ αἰεὶ εἶναι)"——它是不朽和神圣的。[III] 其他〈即各个生命的寿数〉,作为存在和生生,都依赖于它〈即天的寿数或"天年"〉,有的以更

---

1 这个理解似乎也能够得到其他英文译本的支持:如洛布版格思里(Guthrie)将 τέλος 译为 the total time;全集版斯托克斯(Stocks)译为 the end 和 the fulfillment,莱格特(Leggatt)译为 the term,里夫(Reeve)的翻译是 the end。

精确的方式，有的以模糊的方式。(279a18-30)[1]

在这段文本中，我将［II］中的类比看作理解整个段落的关键。根据这部分讨论所需的前提（天是生命体），反过来推出［I］中，虽然亚里士多德的说法比较模糊，但根据论证需要，τὰκεῖ 是指"恒星圈"（之所以是复数，是因为恒星圈连带里面的恒星一起看待）。因而我的看法就与辛普里丘（Simplicius）所转述的亚历山大（Alexander）的意见比较一致，而不同意辛普里丘自己将 τὰκεῖ 作为整个天球之外的第一推动者的看法。[2]

以上是我认为本段中的 τέλος 只能作为时间界限，而不能作为空间界限理解的基本理由。作者在支持自己的空间界限解释时，说将"在那里的东西"理解为宇宙的位置，不是一个新鲜的想法（p. 70），并认为亚历山大和辛普里丘的说法都支持这一解释。但我认为似乎没有这种可能。因为亚历山大的看法是将"在那里的东西"理解为"恒星圈"，恒星圈外无物存在，因而恒星圈就不可能有位置。亚历山大是以恒星圈没有位置，推出恒星圈外没有物体存在。因为根据亚里士多德的位置定义，位置是囊括者的不动的内表面，涉及被囊括的物体和囊括它的物体的关系；所以不存在囊括者，位置就不存在，反过来不存在位置，也就不存在囊括者。这正是亚历山大对这段第一句的解释。这样，亚历山大就肯定会反对将

---

[1] 引文为笔者根据希腊文校勘本自译，参考了现有的英译本和中译本。( ) 为原文内容，⟨ ⟩ 为根据文意所补，［］为笔者所加用于标示引文的三个层次。可以比较作者倾向于对这段作为物理学讨论和将 τέλος 作为空间界限理解给出的翻译（pp. 66-67）。

[2] Simplicius, *On Aristotle's On the Heavens*, 287: 19-23; 290: 1-4; cf. Hankinson, 2004: 111, 113.

"在那里的东西"理解为位置或任何空间的界限。再来看辛普里丘的看法。辛普里丘反对亚历山大将"在那里的东西"理解为"恒星圜",而认为是"第一推动者",并且"在那里的东西"对宇宙有实在的因果推动。辛普里丘的论证用了一种他所看到的抄本的异读,说下文 279b1-2 的句子"它〈即上文每个首要与最高者〉与永不停歇的运动一起运动(κώεῖται)",中动态的 κώεῖται 应是主动态的 κινεῖ,因而"在那里的东西(τἀκεῖ)"是推动者,而不是被推动者。[1] 我们暂且不说辛普里丘的这一改动是否可靠,仅就推理逻辑来说,他希望论证的是《论天》I. 9 包含对存在外在于"恒星天"的实体的暗示,这个第一推动者推动整个宇宙运动,作为最高神,是最高的现实性。根据他希望达成的论证结果,他显然也不可能认为第一推动者是"位置"或者任何类似空间界限的东西,因为在亚里士多德的体系中,"线"(位置作为内边界相当于线)而非"体",是无法提供任何力量(dunamis)的,更不可能作为最高的现实性。

二、《论动物的运动》8.702a21-32:灵魂推动与关节推动相似还是不相似?

作者于第二章论证的第二步,是处理宇宙和天球被内在动力推动的"灵魂"选项,并否定《论天》中存在这个选项的可能。这里的难点是《论天》中有几处比较难解释的"拥有灵魂的(ἔμψυχος)天球"的说法,作者需要论证这些说法与他提出

---

[1] Simplicius, *On Aristotle's On the Heavens*, 287: 20; cf. Hankinson, 2004: 111.

的《论天》中存在一个外在的推动者的观点不矛盾。作者最重要的一个解决策略，是借用亚里士多德在《论动物的运动》(*De Motu Animalium*) 中对动物运动模型的解释，认为《论天》中所讨论的天球的不动的推动者及其质料的关系，可以**类比于**《论动物的运动》中所讨论的灵魂与普纽玛／气的关系：正如灵魂在普纽玛／气之外的关节球的端点上，通过单方面接触普纽玛／气，引发动物运动；天球的不动的推动者也位于宇宙边缘，并且通过单方面接触第一简单物，引发天球的运动。我支持"拥有灵魂的"天球没有灵魂的解释，但对作者的解决策略有所疑虑。

面对《论天》第二卷中出现的"拥有灵魂的天球"的说法（II. 1 和 II. 2），作者认为这并不代表动力来自内在的灵魂。因为"对于亚里士多德来说，虽然灵魂的确是内在于其身体的运动的原因，但并不是所有'拥有灵魂的形体／身体'（σῶμα ἔμψυχον）都有灵魂在其自身之内"（p. 83）。作者举的例子是手和灵魂的关系，手因为是整个有生命的身体的一部分而可以被称为"有灵魂的手"，但这并不表明灵魂在手中。这个类比非常敏锐和机智，但仅靠这个类比，似乎并不足够反驳反对者的观点（例如前面提到的约翰森更为精微的解释）。对于 ἔμψυχον 在《论天》第二卷所使用的具体语境，特别是天球不同运动方向的讨论，作者的处理有一些简化。因为反对派也引用了与作者同样的《论动物的行进》中的材料，但支持与作者相反的结论。例如洛尼森（Leunissen）就正面使用生物运动方向性和天体运动方向性的可类比性，但推论出天体有灵魂的观点，这与作者支持的解释是相反的。因此，想要反驳掉《论天》第二卷中"拥有灵魂的天球"的说法代表了亚里士多德支持天球的动力来源于灵魂——虽然我本人支持这个反驳——就需要我们做更多的工作。

我对作者解决策略的疑虑,主要针对《论动物的运动》8中有关动物运动模型里灵魂位置的讨论。作者引用《论动物的运动》中"关节"的物理模型,来阐述气(或普纽玛)和灵魂之间的关系(文本包括10.703a9–25,1.698a18–b1,8.702a21–32)。作者试图利用《论动物的运动》中"关节"和"气"的类比,将其用到宇宙的"位置"和"天体"的关系上,以便说明"就像关节球外在于关节的不动点并被其所接触一样,气外在于灵魂并被灵魂所接触。关节的不动点和灵魂一样,都处于整个结构的起点(端点或中心),而关节球和气都作为第一中介起到了连接起点和外围的作用"(p. 100)。在这些文本中,8.702a21–32的讨论是关键。作者的理解是将关节球推动运动**完全类比于**灵魂推动身体的运动;因而,正如关节球上的动力源最终是那个关节球上包裹着关节囊的关节窝,灵魂与身体的关系也是如此。

我对此有不同看法。因为倘若这一段的类比是表明关节球推动运动和灵魂推动运动相似,那么灵魂所在的位置就会是人体所有关节的顶端(肩关节?颈椎顶端?头?),而不会是心脏。但前者是亚里士多德反驳的,后者才是他想要达到的结论。因而我认为,对8.702a21–32更合理的理解是,它为了说明灵魂推动所在位置与关节推动所在位置的**不相似**(disanalogy),而非作者理解的**相似**(analogy)。

虽然我与作者可能在具体问题上的结论不同,但整部著作展示了作者相当高的古希腊哲学和古典学研究水平,值得从事古希腊自然哲学和理论哲学的学者们严肃对待。

参考文献

Guthrie, W. K. C. (1939). *Aristotle On the Heavens*. Harvard University Press.

Hankinson, R. J. (2004). *Simplicius: On Aristotle's On the Heavens 1.5–9*. Duckworth.

Johansen, T. K. (2009). From Plato's *Timaeus* to Aristotle's *De Caelo*: The case of the missing world soul. In Bowen, A. C. & Wildberg, C. (Eds.), *New Perspectives on Aristotle's De Caelo* (pp. 9–28). Brill.

Leggatt, S. (1995). *Aristotle: On the Heavens I and II*. Aris & Phillips.

Leunissen, M. (2009). Why stars have no feet: Explanation and teleology in Aristotle's cosmology. In Bowen, A. C. & Wildberg, C. (Eds.), *New Perspectives on Aristotle's De Caelo* (pp. 215–238). Brill.

Rapp, C. & Primavesi, O. (Eds.) (2020). *Aristotle's De Motu Animalium: Symposium Aristotelicum*. Oxford University Press.

能动的推动者如何造成运动？
——评《推动者、第一因和必然性》第三章

苏　峻[1]

王纬的《推动者、第一因和必然性》是研究亚里士多德物理学和形而上学的重要著作，作者探索了"不动的推动者""能动的推动者"及与此相关的"必然性"等诸多话题，将散见于《物理学》《形而上学》《论天》《论生成与毁灭》《论动物的生成》《论动物的部分》等多处文本的相关话题，通过逻辑清晰的勾连，形成了一个整体，对于理解亚里士多德的自然哲学和形而上学提供了许多不可多得的线索与洞见。笔者针对该书第三章的内容，按照作者论述的顺序，加以分析。

第三章主要讨论了亚里士多德"能动的推动者"的概念及其带来的困难，试图回答"能动的推动者（或运动中的推动者）如何造成运动"。在引入"能动的推动者"这一概念时，作者先对"不动的推动者"概念加以分析。作者认为，"根据日常经验，我们会

---

[1] 苏峻，中国政法大学哲学系讲师、哲学研究所副所长，主要研究古希腊哲学、伦理学。电子邮箱：jun_su@126.com。

觉得某个变化的出现是由因果上在先的另一个变化所引起,而承载这个因果上在先的变化的东西,就是推动者。因此,任何推动者都必须自身承载变化"(p. 103),由此得出的结论便是:"不动的推动者"不可能存在。与此相关,在作者的行文中,因果关系的相关项常常被表述为"事件(events)"。如此理解,作为作用于"果"的"因"也必须是"事件",而"事件"是具有动态含义的,并不是"不动的"。借用当代形而上学在分析因果相关项时的表达,我们可以说,对于"卡车撞死人"这一日常表达,可分析为以下三种情形:

（1）卡车撞死人［因果相关项是"对象（objects）"］。
（2）某人死亡是因为卡车撞了他［因果相关项是"事实（facts）"］。
（3）汽车撞击导致男子死亡［因果相关项是"事件（events）"］。

前文提到作者认为"不动的推动者"引起的困难,似乎便与对因果关系相关项的不同分析有关。如果我们从"事件"的角度分析"不动的推动者"这一概念,确实无法理解推动者何以是"不动的";毕竟如上文所言,"事件"具有动态的含义。在以上的例子中,"男子死亡"是由"汽车撞击"导致的,"汽车撞击"这一事件显然具有动态含义。不过,倘若当亚里士多德使用"不动的推动者"这一概念时,所谓"不动者"指的是"对象",那么"不动的推动者"似乎并非难以理解;例如,正是这本书的内容吸引（推动）我认真阅读。此外,种种迹象表明,作为"对象"的不动者的确是亚里士多德所要表达的意思。比如在《形而上学》1072b3-4中,亚里士多德写道:"不动的推动者通过被爱推动了万物。"（κινεῖ δὴ ὡς ἐρώμενον）结合上下文,这句话的意思是:不动的推动者作为目的因,推动了万物。有学者试图论证亚里士多德在这里提到的"爱欲"与柏拉图《会饮》中"爱欲"的关系，但是尚不清楚亚里士多德是否只是在类比的含义上使用该词（如希腊词 ὡς 所示），还是当真认为不动的推动者是"爱欲"的对象。但是，这句话似乎清楚地表明，不动的推动者是某种欲望的"对象"；亚里士多德认为"不动的推动者"之所以"不动"，是因为从"对象"的角度看待推动者。

与以上问题紧密相关的是一个更一般的问题：在亚里士多德的形而上学中，究竟是"对象"居于核心，还是"事件"居于核心？或者换一种更为通行的说法，亚里士多德究竟认为是"物体形而上学（Thing Ontology）"处于主导地位，还是"事件形而上学（Event Ontology）"占据优势地位？这一问题在考察亚里士多德对"运动（*kinesis*）"和"现实（*energeia*）"的论述中尤为突出。这一问题的核心在于：当亚里士多德论述运动的时候，有时是以"物体"的语言来论述，有时又似乎是以"事件"的语言来论述。

为了理解"能动的推动者"这一概念，作者着重关注如下问题："对于任何变化都存在一个推动者和一个被推动者，那么，运动定义中的所谓'潜在者'究竟是推动者还是被推动者？"（p. 107）之所以关注这一问题，是因为作者认为，"能动的推动者"必须满足亚里士多德在《物理学》III. 1–3 中提出的对于推动者和运动的一般定义，而运动的定义"潜在者作为潜在者的实现（*entelecheia*）"便出现了所谓"潜在者"究竟是推动者还是被推动者的问题。作者认为，根据亚里士多德在《物理学》的论述，潜能的实现在被推动者之中，而不在推动者自身之中。因此，作者认为："能动的推动者按其定义所必然经历的变化和运动并不是其作为推动者的潜能的实现。"

基于以上理解，我们现在来分析亚里士多德的一个经典例子：教学活动。作者认为："教学活动包含着两种同时发生在不同主体的灵魂之中的实现活动：老师实现她的教学技能，而'教'，作为一种实现活动，在老师自身之中，学生实现他们的学习能力，而'学'，作为一种实现活动，在学生的灵魂中；教和学是两种不同的活动。"（p. 107）如此理解，在教学的过程中，包含着两个活动，一个是教师教学能力的"实现（*energeia*）"，另一个是学生由"无知"到"有知"的运动（*kinesis*）。但是，正如作者明确提到的（pp. 108-109），按照亚里士多德的分析，一个活动不能包含两个不同的目的（"同一个因果事件中不可能存在两个不同的实现"），教学的目的就是单一地向学生传授知识（使学生从无知变为有知）。于是，我们看到，在整个教学活动中，所谓"潜能的实现"指的是"被推动者"（即学生）潜能的实现。基于这一模式，作者认为"能动的推动者自身所承载的变化是作为能动者的被推动的潜能的实现，而非其作为推动者的潜能的实现"（p. 137）。

这一理解似乎与亚里士多德在其他文本中的表述有所抵牾。比如在《形而上学》1050a35-36 中，他写道：实现存在于它们［= 主动者］中，例如"看见"在"看见者"之内（ἐν αὐτοῖς ὑπάρχει ἡ ἐνέργεια οἷον ἡ ὅρασις ἐν τῷ ὁρῶντι）。因此，似乎"潜能的实现"并不总是在"被推动者"中，也可以在"推动者"中。

根据亚里士多德对"运动"和"严格意义的现实"的区分，前者是目的在外的活动，而后者是目的在内的活动。作为活动理解的教学，因为有外在的目标，被归为一种运动（*kinesis*），而非"严格意义的现实"。可见，当亚里士多德在区分"运动"和"严格意义的现实"时，处理的是"事件形而上学"而非"物体形而上学"，是对两类"事件"的分类。因此，在考虑"教学活动"的例子时，亚里士多德的着眼点是"活动整体"，而不是活动中的参与者的活动性质。基于此，教学活动整体就是一种运动，而运动/实现也一定发生在受作用者那里（即学生）。但是，这并不是亚里士多德对所有"事件"的看法，如果一项活动没有外在目标（例如观看和沉思），那么其实现便发生在作用者（而非被作用者）那里。

再回到亚里士多德在《形而上学》1050a35-36 中的表述，他对"实现"存在于主动者那里的论述的背景是对两类事件的区分。第一类事件除了活动本身，还有外在的目的，例如建筑术的最终产品是房子；第二类事件没有外在的目的，其目的就是活动本身。当亚里士多德在论述"事件/活动"的实现时，他关注的是活动整体，而非活动中涉及的具体对象。因此，我们并不能以为教师在教学活动中实现的仅仅是展示教学技能，就将之归为"严格意义的现实"。在亚里士多德的分析框架中，教学活动整体一定是以"教会学生"为目的，因此，教学活动的实现是在"被动者"那里。

因此，作者在讨论"能动的推动者"时，似乎仅关注了《物理学》中对"被动者实现"的论述，忽视了对"事件"类型更为全面的讨论。如果以上论述成立，我们似乎不应该认为"能动的推动者"的实现一定是作为被动者潜能的实现，尤其是考虑到作为"能动的推动者"的典范，即"天体的运动"，似乎更与"观看"和"沉思"相似，并没有外在的目的（关于这一点，可以参见《形而上学》1050b16-28）。

再回到亚里士多德对运动定义的表述，当他说运动是"潜在者作为潜在者的实现"时，他关注的似乎是单个"对象"，例如在

"教学活动"的例子里，我们既可以说是教师作为"能教者"潜能的实现，也可以说是学生作为"能知者"潜能的实现。可见，运动的定义并不关注"事件"整体，因此也不考虑究竟是"主动者"还是"被动者"潜能的实现，而当亚里士多德说运动的"实现在被推动者之中"时，考虑的却是"事件"的实现情况；而针对"事件"的实现类型，我们便需要区分两类事件：运动以及作为"严格意义的现实"。

以上讨论的两个问题，不论是讨论"不动的推动者"的难以理解之处，还是讨论"能动的推动者"的实现问题，都涉及亚里士多德对"对象"和"事件"的区分，以及对两类"事件"的划分，这也可能是我与作者在第三章内容上的主要分歧之处。

此外，在考虑"能动的推动者"时，作者认为需要区分"工具模式"和"对等模式"。在"工具模式"中，能动的推动者被设想为某种在因果意义上在先的东西的工具（p. 112）；而在"对等模式"中，能动的推动者被设想为与被推动者构成对等关系的东西，"它在推动被推动者的同时，自身也被其反推"，"根据这种模式，能动的推动者自身所包含的变化和运动来自因果意义上在后的被推动者"（p. 113）。针对这两种模式究竟该如何选择的问题，作者认为，亚里士多德在不同的文本当中，给出了两种"不同的、互相排斥"的答案（p. 110）。

作者对以上两种模式的区分依赖于对因果上"在先"与"在后"的划分，但是这一点的准确意涵却有待澄清。因为按照关于因果分析的经典理论（例如休谟对因果关系的分析），所有的因果关系都是单向的，不存在严格意义上"在后"的事物作用于"在先"的事物。换言之，不存在严格意义的"对等模式"，即因果上在先的事物和因果上在后的事物同时互相作用的情形,对等模式最终可以化约为(两个)工具模式。如果这一分析能够成立,那么作者对于"对等模式"的强调便有待进一步说明。值得注意的是,作者在一些地方认为这两种模式是"互相冲突、矛盾的"(p. 114),而在另一些地方又认为二者"并不是互斥的"(p. 126),似乎也表达了与我类似的困惑。当然,亚里士多德的确在多处文本中提到"推动者在推动的同时自身也受作用",按照笔者的理解,他可能并不是在表达一种严格意义的"互为因果"的关系,而只是一种笼统的表述:表明一个作用者也可能被作用。

再者,在论述"自然推动者所造成的某个变化为什么不可能是连续和永恒的"这一观点时,作者总结了亚里士多德的两个论证,分别将之命名为"基于变化本质的论证"及"基于推动者本质的论证",并且认为前者相较于后者是"较弱的论证"。根据作者的转述,亚里士多德采用"基于变化本质的论证"时,首先区分了圆周变化和直线变化,认为"直线变化总是发生在由一对作为极限的对立者所定义的有限的物理空间和概念空间之内,不能够无限延伸"(p. 138),而"自然推动者所造成的变化之所以是非永恒的,是因为它们所造成的变化是被一对对立状态所限定的直线变化"(p. 139)。作者认为"从变化的本质出发的论证并不涉及推动者的本性,因此它是一个较弱的论证"(p. 140)。于是,作者从"推动者的本质"出发,论证自然推动者所造成的变化并不是连续和永恒的,而所谓"推动者的本质",在作者的论述中,指的是"操劳";具体来说,所谓"操劳"是由"直线变化是对于其与其现实状态相对立的潜能状态的单向穷尽"而引起的(p. 141)。但是,如此解释的"操劳"与"基于变化本质的论证"强调的"对立状态"的转换，看起来似乎并无区别。因此，作者对两种论证的区分，以及强调"基于变化本质的论证"是"较弱的论证"，便有待商榷。

最后，第三章的主题是讨论"能动的推动者"；关于这一译名，作者也提到两种通行的英文译法，分别是 moved mover 和 moving mover（p. 126）；而在别处，作者又提到 movable mover（p. 137）的译法。不过，中文译名"能动的推动者"似乎并不能准确表达这些不同的含义，中文"能"字表示"主动"的意味较强，和作者强调的"能动的推动者"兼有的"被动"含义不能很好吻合（作者有时将之译为"运动中的推动者"，例如 p. 126）。至于完美的中文译名究竟怎么选择，仍值得学界讨论。

不动的推动者与被推动者接触吗？

——评《推动者、第一因和必然性》第四章

郑中华[1]

王纬的《推动者、第一因和必然性》第四章关于"不动的推动者"（unmoved mover，英文缩写为"UM"）。根据该书开篇所确立的两个探究方向，[2] 第四章是对于"多神论"立场极为核心的一章。"多神论"主张存在多个 UM，各个 UM 是各自运动的直接推动者，而"第一推动者"（prime unmoved mover，英文缩写为"PUM"）则"并不解释世界中的所有现象"（p. 201），它不作为范式性的模仿对象导致第一天球之外的存在（其他较低天球和月下世界的存在）的运动。第四章的核心内容即是要为 UM 与被推动者之间的因果机制提供一个普遍的解释。

第四章第一节提供了 UM 推动被推动者的基本模型，即亚里士多德在《论生成与毁灭》I. 6 中讨论的"单方面接触（unilateral

---

[1] 郑中华，北京大学哲学系硕士研究生，主要研究古希腊哲学。电子邮箱：zzhua@pku.edu.cn。

[2] "'亚里士多德是否认为存在着众多不动的推动者？'以及'亚里士多德所持有的相关立场基于哪些预设和基础？'"（p. 1）

contact）"，并在接下来论证这一模型可以运用到所有的 UM 推动被推动者的情况中。UM 可分为两类，天球的推动者（第二节）以及月下世界中的灵魂（第三节）。第四节论证了天球的 UM 以及作为 UM 的灵魂构成的 UM 集合中诸元素的关系：UM 仅可在"同名异义"的意义上作为谓词，而天球的 UM 和灵魂之间分别存在一系列的次序关系。最后一节讨论了 UM 的简单必然性与 UM 作为推动者引起的运动之间的关系，这一节或许可被视作第五章转向必然性问题的一个铺垫，王纬在该著作中认为所有 UM 都可以在"不是别的方式（οὐκ ἄλλως）"的意义上被看作具有简单必然性。本文主要关注前三节的内容，并在最后试图提供一些总体性反思。笔者将首先讨论《论生成与毁灭》I. 6 的核心文本，考察王纬在该著作中将单方面接触作为 UM 进行推动的基本模型的潜在问题。接下来笔者将分别转向 PUM 和灵魂这两类具体的 UM，指出它们无论是在接触还是在起到推动作用上都可能面临一定的困难。

一、《论生成与毁灭》论单方面接触

第四章第一节的论证动机直接继承自第三章，在那里，作者借助《物理学》的相关文本论证了"一个推动者，不管它是不动的推动者还是能动的推动者，总是与被它所推动的东西'在一起'（ἅμα），即相接触"（pp. 155–156）。基于这样的观点，在第四章中，作者援引《论生成与毁灭》I. 6 中对"接触（ἅπτεσθαι, ἁφή）"的说明，试图证明单方面接触是 UM 与被推动者之间因果作用的普遍模型。笔者以下不涉及作者对《物理学》VII. 2 中相关论证的讨论（pp. 116–125），而将主要基于《论生成与毁灭》I. 6 的文本，讨论以下两个问题：（1）亚里士多德是否留有不接触但推动这一可能性？（2）亚里士多德的单方面接触案例是否可被推广为 UM 与被推动者之间因果作用的基础？

[A]因此显然的是，这些本性上相互接触的事物，这些分离的量的边界在一起（ἄμα τὰ ἔσχατά ἐστιν），当它们能推动或能被彼此推动。[B.1]但因为推动者并不以同样的方式推动被推动者，必然的是，推动者有时推动且自身被推动，有时〈推动〉但不被推动，[B.2]清楚的是，对于施动者我们也能采取同样的说法；因为我们甚至说，某个推动者施动（τὸ κινοῦν ποιεῖν），施动者推动。[B.3]尽管事实上二者存在不同，我们必须做出区分：因为不是所有推动者都施动，如果我们要把施动者和受动者对举，这[1]只属于那些运动是受动状态（πάθος）的事物。受动状态是就其只经历质变（ἀλλοιοῦται）而言，比如白或者热。但是推动比施动更广泛。[C]但显然的是，以一种方式推动者接触被推动者，以另一种方式则不会（ἔστι μὲν ὡς τὰ κινοῦντα τῶν κινητῶν ἅπτοιτ' ἄν, ἔστι δ' ὡς οὔ）。[D.1]一般接触的定义适用于一对事物，它们具有位置，并且其中一个能推动，另一个能被推动，[D.2]而互相〈接触的定义〉则适用于能推动和能被推动的事物，并且施动和受动都属于它们（ἐν οἷς ὑπάρχει τὸ ποιεῖν καὶ τὸ πάσχειν）。[E.1]通常情况下，接触者会接触〈另一〉接触〈它〉的事物，因为几乎所有人们身边的推动者都被推动，这些情况下必然的是，

---

1 指"推动者也施动"这一事实。

并且显然，接触者会接触〈另一〉接触〈它〉的事物。[E. 2] 但存在这种情况，正如有时我们说，只有推动者接触被推动者，但是接触者不接触〈另一〉接触〈它〉的事物。但是由于同种事物通过被推动来造成推动，似乎必然〈接触者〉接触〈另一〉接触〈它〉的事物。[E. 3] 因此，如果某物推动但不被推动，它就接触被推动者，但无物接触它；因为有些人说，导致痛苦的人接触我们，但是我们自身不接触他。(《论生成与毁灭》I. 6. 323a10–33)[1]

在这段文本中，最为重要的可能是 [D] 与 [E] 的对照，前者描述了相互接触的条件，后者给出了单方面接触的案例。就问题 (1) 而言，笔者对于王纬一书观点的保留源自 [C]。此句的字面含义是明显的，即推动的发生可能伴随接触，也可能不接触，而后者似乎对应 [B. 1] 中提到的"〈推动〉但不被推动"的情况；若如此，则（单方面）推动不依赖接触作为必要条件。很遗憾，作者没有正面处理这句话，但一种被许多评注者（如 Philoponus, Thomas Buchheim）采取的回应策略是，这句话是对前文的一种较为**宽松**的总结：根据 [B. 1-2] 的结论，在双向的推动 / 施动关系之外，也存在单向推动 / 施动的可能性；在这个意义上，前者可被视作推动者**接触**被推动者的情况，而后者则是**不接触**的情况。但这种解释不得不以牺牲"接触"的字面含义为代价。对此更有力的再回应或许是，亚里士多德在这段文本中（从 [B] 到 [C]）试

---

[1] 引文为笔者自行翻译，参考了作者的翻译。希腊文本基于 TLG 中的 Mugler, 1996。

图从推动—因果关系的事实得出接触关系的事实（参见［E.1］中的 γὰρ 和 ὅσοις ἀνάγκη 所指示的推理关系，323a26-27），并不是基于"接触是推动的必要条件"进行的推论。相反，根据［A］和［D.1］的接触定义，推动这种在自然界更普遍的关系构成了接触定义的要素，似乎是接触作为被解释项依赖于推动，而不是相反。此外，我们有理由相信，亚里士多德在这一段有意将推动（τὸ κινεῖν）和施动（τὸ ποιεῖν）（［B.2-3］［D.2］[1]）区分，是为了将后者作为更严格且必然要求接触的情况与前者区分开：在施动—受动关系中，接触确实是必要条件，并且二者相互蕴含（比较《论生成与毁灭》I. 6.322b24-26 中将接触作为施动的必要条件）；但在推动—被推动关系中，接触关系的条件则并不那么明确。简言之，我们有理由根据［C］的字面含义，在承诺单向推动的前提下不承诺单向接触。

除此之外，作者面临的更大困难是［E］中提供的单方面接触案例是否真的有实质的因果效力。在这里，亚里士多德认为情感活动（λυπεῖν）对人的"触动"可被视作一种单方面接触。尽管作者敏锐地指出这暗示了推动者和被推动者不属于同种（323a30），但

---

[1] 这里有必要提及一个笔者与作者的分歧。作者认为［D.2］是在就相互性对［D.1］的一般情况的触碰进行补充，即将 ἐν οἷς ὑπάρχει τὸ ποιεῖν καὶ τὸ πάσχειν 读作"推动者不仅施动也受动，而被推动者不仅受动也施动"（p. 158，该页注1中 ἄλληλα 印刷错误）。有两个理由反对这一读法。首先，依照作者的理解，这一短语只是对 πρὸς ἄλληλα 的一个稍显无意义的重复。其次，基于［C］的语境，即前文对 τὸ κινεῖν 和 τὸ ποιεῖν 的区分（前者要比后者更宽泛，根据［B.3］323a20），我们可以将［D.2］理解成亚里士多德在一般意义的接触上加了一个更严格的条件，即最严格意义上的接触，而这也往往意味着双向的接触，不仅要求［D.1］中说的二者之间能引起/被推动（τὸ κινεῖν/κινεῖσθαι），还要求二者之间存在施动和受动的关系，即 ἐν οἷς ὑπάρχει τὸ ποιεῖν καὶ τὸ πάσχειν。

是不得不承认的是，"我们并不十分清楚属于不同的类的推动者和被推动者如何可能发生关系"（p. 160）。虽然这个案例看起来只是比喻性的，但作者又不得不以此为据主张，单方面接触是一个普遍的因果作用模式（pp. 160-161）。这里的问题是，看起来[E]中的案例属于极为特殊的情况，不仅很难被归入一般意义上的接触（根据[A][1]以及《物理学》V. 3.226b21-23 的定义，是拥有位置[τόπος]的有延展[μέγεθος]事物边界在一起的情况），也很难理解在什么意义上这类接触能够作为更普遍推动—因果关系的基础。简言之，即使亚里士多德为单方面接触留下了空间，在什么意义上他还允诺基于这种接触的推动—因果关系，以及我们是否应该将这一模型推广到更大的范围，是较为可疑的。

表 1

		有无推动—因果效力	相关文本
	单方面接触（情感触动）	**存疑**	[E.3]
互相接触	基于一般的 κίνησις	有	[D.1]
	基于 τὸ ποιεῖν καὶ τὸ πάσχειν	有	[D.2]
	推动，但不接触？	有	[C](?)

我们可以用上表呈现亚里士多德在以上文本中提供的接触与推动—因果关系之间的关联。在转向下一部分之前，值得提及以下问题。根据上述段落[A]，接触是发生在拥有位置和有延展的事物之间的。而无论是天球的 UM（我们以 PUM 为例）还是灵

---

[1] 以及本文没有引用的[A]的前文，《论生成与毁灭》I. 6.322b-323a10。这两处亚里士多德分别使用"本性上"（πέφυκεν, a10）和"严格意义上"（κυρίως, 322b33）来描述他给出的接触定义。

魂都是无延展的，那么我们可以在什么意义上谈论这类事物和其他事物的**接触**？相应地，如果我们认为 PUM 和恒星天球是单方面接触的，究竟应该怎么理解这种接触？这正是下一部分的批评方向。

二、第一推动者与最外层天球的推动关系

作者希望论证两个结论：第一，任何推动/被推动都依赖接触；第二，UM 以单方面接触的方式进行推动。本部分的讨论从 PUM 转向问题（2）。考虑到刘未沫已经在她的评论中讨论过相关问题，笔者只是简单提出以下一些问题。

王纬在该著作中认为亚里士多德坚持 PUM 与最外层天球（即恒星天球）也是单方面接触的，并且严格意义上只导致最外层天球运动："恒星天球的不动的推动者和下层天球的不动的推动者都作为**类似位置（τόπος）的边界**而单方面接触它们自身所对应的天球并引起这些对应天球的运动。"（p. 167）作者的看法接近于辛普里丘（Simplicius）在他的评注中提到的阿芙罗狄西亚的亚历山大（Alexander of Aphrodisias）的观点（*InPhys*. 1354，19–25），"宇宙的位置"或"类似位置的边界"指 PUM 是包围最外层天球的整个物体的**内表面**（比较《物理学》IV. 4.212a5–6，20–21 对 τόπος 的定义）。但这一观点存在很多困难。首先，为避免 PUM 伴随着被推动的天球在偶性上（κατὰ συμβεβηκός）运动，PUM 就要占据整个圆周，但若如此，PUM 似乎就会是一种有延展的事物——而这是荒谬的。其次，仅有《物理学》VIII. 10.276b6–9 一处文本，亚里士多德考虑了 PUM 与天球的接触方式和接触位置，但这

一文本证据近年来也遭受了一定质疑，[1] 被认为并不一定支持 PUM 处于天球圆周上（ἐν κύκλῳ）。

值得肯定的是作者在第四章第二节的论证努力，即通过拒斥"模仿说"来协调 PUM 作为目的因和效力因这两个面向的张力（pp. 167-173）。笔者同意作者论证的大致方向，但就坚持效力因解释的立场而言，其困难如该书自陈，"无法解释为什么亚里士多德明确地将天球的推动者刻画为善好和目的"（p. 173），以及为什么在《形而上学》Λ. 9 中 PUM 被刻画为一种沉思的现实活动（νόησις）。虽然王纬一书正确地追随了斯蒂芬·门恩（Stephen Menn）[2] 的看法，指出 PUM 作为"善"必须作为**效力因**才可能起到推动—因果作用，[3] 并且沉思也并非不能（借助工具）进行推动（医生的医学知识可以单方面造成病人身上的变化，比较《论生成与毁灭》I. 7.324a24-b13 和 pp. 175-176），但作者的正面贡献仍显得不够充分：作者至多只证明了目的因和效力因这两个角色并不必然互斥，但没有很好地说明二者如何协调。仍有待解决的问题是，比如，为什么 PUM 作为效力因造成的是天球的**永恒圆周运动**，这和本质为 νόησις 的 PUM 又有何关联。[4] 事实上，如果前面

---

1 参见 Blyth, 2015: 25-29。
2 参见 Menn, 2012。
3 这一点的可能理论结果是使得月下世界的人对神的模仿（以神为目的）变得不可理解（作者坚持不存在非接触推动的情况，PUM 只能推动最外层天球）。作者为了坚持不存在非接触推动，只能设想"人类也许可以通过肉眼感知天球的永恒运动而被其推动者的永恒性所激发，进而用自己的合德性活动来模仿神的永恒性"（p. 172），但是在笔者看来这个解释无疑是牵强的。同样，作者也以亚里士多德不承认"分离"的原因为依据，拒斥了天球的永恒运动是月下世界的元素运动的模仿对象（pp. 171-172）。但这可能会与一些支持模仿说的文本相冲突，比如《形而上学》Θ. 8.1050b28-29 和《论生成与毁灭》II. 10.337a1-7。
4 一个较新的讨论参见 Proios, 2020。

对于单方面接触模型的怀疑是正确的，也许正是因为单纯作为效力因的 PUM 不是故事的全部，才需要援引 PUM 作为善和 νόησις 的面向来进行补充。

三、灵魂作为不动的推动者

我们在本部分转向另一类重要的 UM，月下世界的灵魂。[1] 就灵魂作为 UM 而言，我们的首要问题与 PUM 是一致的：灵魂与身体（单方面）接触吗？无法否认的是，如果我们承认动物是自我运动者（self-mover），那么根据《物理学》VIII 中的多处说法，我们就要从其中分别出作为推动者（灵魂）和被推动者的部分。但遗憾的是，我们缺少文本证据直接支持灵魂与身体单方面接触。虽然《论动物的运动》中的一些段落与灵魂的位置相关，但是我们从中看不出任何充分的证据说灵魂与身体单方面接触。在《论动物的运动》9.703a1-3，亚里士多德说灵魂不是某种延展，但在那之中（似乎是心脏）。虽然作者以此为依据（p.182），但这不足以证明灵魂单方面接触身体［严格来说是身体性的内生普纽玛（σύμφυτον πνεῦμα）］。首先是与 PUM 类似的问题，如果灵魂没有延展或位置，[2] 那么接触关系之于灵魂是很难设想的。其次，当亚里士多德在用 ἐν+ 与格（dative）结构时（ἐν τούτωι ... οὖσα, 702a3），可以是在多种乃至相当宽泛的意义上使用（参见《物理学》IV.3 的多种案例），这并不必然意味着接触。另外，作者用《论动物的运

---

[1] 天体和 PUM 是否拥有灵魂（或就是一种灵魂）历来存在争议，笔者这里采信的是科霍（Cohoe）的看法（Cohoe, 2020），即只有月下世界的生物具有灵魂。
[2] 参见《论灵魂》I.3.406a12-22。

动》10 将灵魂与普纽玛的关系类比于关节中不动点和动点关系的文本，证明灵魂与普纽玛是单方面接触的关系。然而，在《论动物的运动》8.702a21-b11 中，亚里士多德对关节类比的使用是否定性的，意在借此说明灵魂应该是一个**绝对意义**上的不动的本原，而非类似关节中的不动点［因为这类不动点是另一物的终点（ἄλλου τελευτή, 702b7）而不能符合灵魂作为绝对本原的要求］。因此，《论动物的运动》10 这里的类比能够成立，至多只是基于灵魂与普纽玛二者的运动（前者是 UM，后者推动且被推动）性质，而与二者的接触无关。考虑到亚里士多德将普纽玛视作灵魂推动身体的**工具**（《论灵魂》III. 10. 433b19-21），我们不妨设想，也许正是因为非延展的灵魂不能以接触推动的方式作为效力因推动，所以才需要借助普纽玛这类特殊的物体来实现位移运动所必需的因果效力。[1]

另外笔者难以同意作者对于灵魂—水手类比的处理。作者试图提供对这个经典问题的新理解，以此来支持灵魂与身体的单方面接触（p. 183）。尽管在《论灵魂》I. 3.406a5-8[2] 和《物理学》VI. 10.240b17-20 中，亚里士多德都提及了水手或躺在船中的人，但《物理学》VI. 10 的语境是说明不可分或无部分的事物除了在偶性意义上不可能经历运动。而在直接论及灵魂的《论灵魂》I. 3，亚里士多德关心的并不是无延展的事物（如灵魂）如何与有延展的事物**接触**，也没有说水手像灵魂那样是一个推动者。简言之，亚里士多德在两处引入水手类比的目的仅仅是解释灵魂所经历

---

[1] 关于灵魂和普纽玛在动物运动中的作用，参见 Corcilius & Gregoric, 2013。
[2] 我们不考虑《论灵魂》II. 1 结尾处的水手类比。

的运动性质，而不关心船和水手之间的接触关系。[1]

在灵魂作为推动者的问题上，笔者对于作者的一些解读细节也有异议。王纬在该著作中试图诉诸技艺模型来解释作为形式的灵魂如何起到效力因的作用（pp. 184-186，乃至协调质形论与心脏中心主义之间的表面张力）。笔者认为这个方向是正确的，但在解释动物的自我运动时，作者试图将《论灵魂》II. 5 中对两种性质变化（ἀλλοίωσις）[2] 的区分对应于灵魂和普纽玛所分别经历的变化的策略是错误的（pp. 188-190）。根据《论动物的运动》，至少普纽玛并不经历性质变化（703a25），而只是发生量上的扩张和收缩（αὐξάνεσθαι/συστέλλεσθαι，参见 703a18-25）。另外一个重要的问题是，抛开灵魂与身体的接触关系不论，灵魂之外的另一个不动的推动者——欲求对象（τὸ ὀρεκτόν）[3]——在单方面推动的模型下是如何参与到运动的因果解释中的，仍旧是模糊的。

四、结语和反思

作者在整体上对于亚里士多德理论哲学的统一性和普适性有着

---

[1] 作者试图借以佐证的《形而上学》B. 5.1002a28-b11 似乎也无直接主张"点接触直线"或"现在接触时间"的观点［那里讨论的是一些作为界限（πέρας）或划分（διαίρεσις）的几何对象是否会经历生成和毁灭］；而即便亚氏的确主张二者相互接触，几何式的接触也很难作为推动—因果作用的基础（参见《论生成与毁灭》I. 6.323a1-6）。
[2] 第 188 页该词的希腊语标注错误。
[3] 参见《论灵魂》III. 10.433b10-18。作者在第 174 页提供的案例似乎认为欲求对象（如苹果）也在字面意义上单方面接触了动物的一部分（视觉器官），从而能够作为推动者进行推动。但在最首要的意义上，苹果的可感形式通过接触造成的变化不是动物的运动，而是感觉活动。因此这一案例若要被用来支持欲求对象作为推动者与被推动者接触，仍显得非常可疑。

很强的自信（p. 161）。考虑到笔者揭示的一些困难，《物理学》和《论生成与毁灭》中呈现的关于接触和运动的理论是否能够合法地推广至自然世界的边界乃至其以外的地方（如果以运动变化为特征的"自然世界"确实存在某个边界的话），不得不令人怀疑，因为《论灵魂》与《形而上学》Λ卷在性质上非常特殊：前者似乎位于自然哲学著作的某个远端；后者则更超出了"物理学"的范畴，属于形而上学乃至神学的范畴。尽管这样的理由是外部性的，但足以提醒我们涉足这两个领域时理应格外谨慎。或者说，我们可以去接纳一些"特殊情况"：在涉及灵魂和神的时候，如果亚里士多德看似给出一些不融贯于其一般自然哲学理论的观点（比如非接触推动的可能性），那么我们或许可以认为他是刻意为之的。

总体而言，王纬关于不动的推动者的理论展现了论证的力量，即便一些观点乍看之下较为反常识，但实际上并不容易被反驳，甚至仔细考虑之后更有可取之处。毫无疑问，王纬一书反映了汉语乃至世界古代哲学研究的最高水平。笔者相信，对亚里士多德哲学任何一个领域有兴趣的读者都会从中受益。我们也有理由期待，王纬一书对于不动的推动者的研究会有力地助推汉语学界对亚里士多德自然哲学的兴趣；而对于已有丰富研究成果的亚里士多德形而上学研究，它更会是一个富有新意的挑战。

参考文献

Blyth, D.（2015）. Heavenly soul in Aristotle. *Apeiron*, 48（4）, 1–39.
Buchheim, T.（Tr.）（2010）. *Aristoteles: Über Werden und Vergehen*. Akademie Verlag.
Cohoe, C.（2020）. Living without a soul: Why God and the heavenly

movers fall outside of Aristotle's psychology. *Phronesis*, 65（3）, 281–323.

Corcilius, K. & Gregoric, P.（2013）. Aristotle's model of animal motion. *Phronesis*, 58（1）, 52–97.

Menn, S.（2012）. Aristotle's theology. In Shields, C.（Ed.）, *The Oxford Handbook of Aristotle*（pp. 422–464）. Oxford University Press.

Mugler, C.（1996）. *Aristote, De la génération et de la corruption*. Les Belles Lettres.

Proios, J.（2020）. The cause of cosmic rotation in Aristotle's *Metaphysics* xii 6–7. *Ancient Philosophy*, 40（2）, 349–367.

Rapp, C. & Primavesi, O.（Eds.）（2020）. *Aristotle's De Motu Animalium: Symposium Aristotelicum*. Oxford University Press.

Williams, C. J. F.（Tr.）（1999）. *Philoponus: On Aristotle on Coming-to-be and Perishing 1.6–2.4*. Duckworth.

亚里士多德的推动者概念

——对评议人的回应

王 纬[1]

以下是我对于四位评议人的书面批评意见的回应。回应无法面面俱到，也无法顾及在现场讨论时很多其他学者提出的问题，但总的来说，我尝试回答最重要的批评，并且在能够结合文本的地方讨论一些文本问题。读者在我们平淡的行文中可能无法读出我们在互相批评中获得的快乐，但这对我来说特别重要。我要感谢四位评议人的批评，感谢程炜老师组织这次讨论会，也感谢刘玮老师编辑这一期《批评与回应》专栏。

一、回应刘珂舟

刘珂舟老师关于第一章的评论细致、公允，其中提到的问题主要有三个。

---

[1] 王纬，复旦大学哲学学院副教授，主要研究古希腊罗马哲学（特别是亚里士多德理论哲学）、形而上学史、古代科学史、西方古典语文学。电子邮箱：wangwei_phil@fudan.edu.cn。

第一，在第二节关于第一推动者唯一性的讨论中，我否认了第一推动者和第一天球的永恒运动之外的其他运动之间的因果关系。在刘珂舟看来，这既不正确，也不必要。不正确是因为很显然，就像亚里士多德在很多地方提到的，第一推动者以及次级天球的推动者（如太阳天球的推动者）与月下世界的生灭变化之间存在着因果关系。不必要是因为对于第一章来说，我只需要证明除了第一推动者之外还存在众多不动的推动者就足够了，并不需要将第一推动者的效力局限于第一天球的永恒运动。

我的回复和澄清如下。首先，第一推动者的因果效力的确涉及月下世界的生灭变化，但其涉及面仅仅在于，日复一日的恒星天的永恒变化及连续的时间，保证了月下世界元素的生灭循环在时间中的永恒性及生物代际传递在时间中的永恒性。它并不造成任何特殊的、属于特定生物或特定元素的性质或者运动，它造成的是属于宇宙中所有事物的共同现象——永恒循环或者时间。我正是在这一意义上理解第一推动者和第一天球的永恒运动（时间）之间的一一对应关系的。其次，就必要性而言，恰恰是因为第一推动者在因果意义上仅仅造成一个永恒运动，而不在任何意义上造成其他的运动或者变化，我们才可能设想存在其他不动的推动者（即第一因）。根据我的理解，如果我们讨论的是某类具体的存在者（如小麦），那么我们必须分析属于小麦的不同变化，将其归于不同的第一因：小麦作为一个类的永恒性的原因是第一天球的推动者，小麦每年一季生灭变化的原因是太阳天球的推动者，小麦耐寒和耐旱的性状的原因是小麦自身的独特灵魂。综上，尽管我们的确不需要将第一推动者的效力局限于第一天球的永恒运动，但是我们必须将其效力局限于包括第一天球在内的所有永恒变化以及它们的连续性。

第二，在第三、四节中，我讨论了生物灵魂在什么意义上是不动的推动者。我认为亚里士多德的生物灵魂虽然在偶然（具有身体）的意义上是被自己所推动，但它在严格的意义上是不动的推动者。刘珂舟认为既然生物灵魂必然具有身体，那么我们很难说它在严格意义上是不能动的。和不具有身体的宇宙推动者相比，灵魂所造成的运动的单一性更弱，从而它似乎不可能和宇宙推动者一样，是严格意义上的不动的推动者。

这个问题的关键实际上在于"偶然"和"严格意义"到底是什么意思。亚里士多德自己的说法分别是"根据那个遇到的东西（κατὰ συμβεβηκός）"和"根据自身（καθ᾽αὑτό）"，灵魂虽然永远具有身体，但是身体不是灵魂，它是那个总是和灵魂相遇的东西（τὸ τῇ ψυχῇ συμβεβηκός），所以灵魂"根据那个遇到的东西"是可被推动的，而"就其自身而言"，灵魂在发动变化的意义上是不动的。刘珂舟认为这是一种在概念层面的区分而不是一种基于实存的区分，但在我看来，亚里士多德并不会同意灵魂和身体的区分仅仅是概念层面的，这是因为亚里士多德不认为所有实存的东西都必须有广延，所以灵魂不因为它没有广延而不具有实存：我们依然可以在实际存在的意义上区分灵魂和身体，而我的讨论的目的就是进行这样一种区分。和上一个问题一样，我们必须区分生物身体上发生的各种不同变化，有些变化的原因是灵魂，有些变化的原因并不是，我们说灵魂是不动的推动者是就前面那些变化而言的，因此，我们不能因为灵魂并不永恒地造成运动，就说灵魂是非严格意义上的不动的推动者：生物灵魂的效力并不牵涉到运动的永恒性和连续性。

第三，我在第四节讨论《物理学》VIII. 6 时涉及了动物的自我运动问题，指出动物的自我运动在什么意义上受外界环境限制，在什么意义上以其自身灵魂为第一因。刘珂舟提出的问题和第二点类似：如果动物受外界环境限制，它的自我运动在时间上是不连续的，那么灵魂似乎就不应该是一个"严格意义上"的不动的推动者。就像我已经指出的，这里我想说的其实是，灵魂"就其自身而言"，即作为推动者，是不动的，这并不意味着灵魂或者为灵魂所拥有的那个身体，在其他方面不受限制。在《物理学》VIII. 6 里，亚里士多德自己的说法实际上的确是动物不是严格意义上的自我推动者，而我想证明的恰恰是即使如此，灵魂仍然"就其自身而言"是不动的推动者。这依赖于对灵魂所决定的运动方面（运动究竟是什么）和灵魂所不决定的运动方面（运动持续多久等）的区分。

二、回应刘未沫

刘未沫老师关于第二章的评论很全面、细致，既有对方法论的讨论，也有对具体文本解释的讨论，主要的批评有三个。

第一，在关于方法论的讨论中刘未沫指出，第二章的结论——《论天》中宇宙天球的推动者并不是内在的且并非天球的灵魂——对于论证《论天》与《物理学》第八卷、《形而上学》Λ 卷不矛盾这一目的来说，是一个不必要的、过强的结论。如果说不矛盾指的仅仅是《论天》中的宇宙推动者也可能是不动的推动者，因而不与《物理学》《形而上学》矛盾的话，那么的确，《论天》中的推动者也可以是内在于宇宙的，作为其内在推动者，但自身不动的宇宙灵魂。但这在我看来是不够的，由于灵魂按照定义内在于其身体并随身体一起运动，这显然和《物理学》《形而上学》中对于宇宙各天球的推动者的描述相矛盾。因此，除非亚里士多德在某个地方明确有"宇宙的确有内在的灵魂"这样的表述，否则我们没有理由去凭空制造这一矛盾。我的方法其实并不激进，特别是在第二章的前半部分之中，我所做的仅仅是指出既往的研究者认为一定有矛盾的解释在具体的文本层面上为什么站不住脚。

第二，针对《论天》279a18–b3 的文本，刘未沫认为这段文本中的界限（τέλος）根据上下文指的是时间的界限，因此不能支持我对于宇宙推动者在世界的边界这一空间化的解释。我同意刘未沫的前提，即这一段讨论的是时间问题，这里的"整个天球的界限"（τὸ τοῦ παντὸς οὐρανοῦ τέλος, 279a25–26）也特指整个天球在时间意义上的界限。但整个段落阐释的核心问题并不是如何理解"界限"一词，核心问题在于被亚里士多德称为"在那里的东西"（τἀκεῖ, 279a18）究竟是恒星圜，还是恒星圜的不动的推动者。前者是亚历山大的理解，后者是辛普里丘的理解。根据亚里士多德自己的说法，"在那里的东西"不在位置里、不在时间中变老，作为"在最外层运动之上的东西（τῶν ὑπὲρ τὴν ἐξωτάτω τεταγμένων φοράν）"，自身没有任何变化，并经历最自足的"整个生命历程（τὸν ἅπαντα αἰῶνα）"。[1] 之后，可能因为"生命历程（αἰών）"一般来说总是有限的，而"在那里的东西"的生命是无限长的，亚里士多德给了"生命历程"一个自己的解释，试图告诉我们它的词源是"永远存在"。因为"在那里的东西""在最外层运动之上"，所

---

[1] Διόπερ οὔτ' ἐν τόπῳ <u>τἀκεῖ</u> πέφυκεν, οὔτε χρόνος αὐτὰ ποιεῖ γηράσκειν, οὐδ' ἐστὶν οὐδενὸς οὐδεμία μεταβολὴ τῶν ὑπὲρ τὴν ἐξωτάτω τεταγμένων φοράν, ἀλλ' ἀναλλοίωτα καὶ ἀπαθῆ τὴν ἀρίστην ἔχοντα ζωὴν καὶ τὴν αὐταρκεστάτην διατελεῖ τὸν ἅπαντα αἰῶνα, 279a18–22.

以如果"自身不经历任何变化"（也包括位移变化），那么它们不可能如刘未沫以及亚历山大所认为的，是每时每刻都经历着位移变化的恒星圜。就包含上下文的整个段落来说，我理解的亚里士多德说的是：因为**在空间的意义上**，宇宙天球之外不存在着其他形体（σῶμα），所以宇宙之外没有时间、变化，所以"在那里的东西"不会变老，它们拥有永恒的生命历程。恒星圜在宇宙天球之内，它作为一种形体经历时间，所以它虽然也是永恒的，但并不是"在那里的东西"。亚里士多德之所以会用"界限"一词来描述"在那里的东西"在时间的意义上和整个天球的关系，是因为它们**在空间的意义上**包裹着整个天球。关于刘未沫提到的天球之外并没有东西，因此它并没有位置，这一点我在书中提到并做过解释（p. 68，注释2）。另外，我并不认为"亚历山大和辛普里丘的说法都支持这一解释"。[1]

第三，这个批评关于关节类比。在《论动物的运动》第8章中，亚里士多德讨论了关节的不动点和关节球上带动肢体运动的动点之间的关系，并用这个模型来解释灵魂如何推动身体运动。刘未沫认为这个例子不能够被用来支持《论动物的运动》第8章的结论：动物的灵魂在其身体的中心心脏里，因此亚里士多德提到关节是为举出一个反例，说明灵魂和身体的关系不应该像关节模型里那样。我不认为关节的例子和灵魂在身体中心有任何矛盾的地方：所有关节，在亚里士多德看来，以及按照我们普通人的经验，都是指

---

[1] 我在原书中的说法是："根据辛普里西乌斯的转述，虽然亚历山大支持另一种看法，但是他提到了将《论天》1.9中的'在那里的东西'当作非形体性的宇宙的外在推动者的观点，辛普里西乌斯自己以及其他的一些注释家支持这一看法。"（p. 71）

向身体的中心点的,你叫它心脏也好,叫它其他名称也好。这可以被用来排除比如说头作为灵魂的位置:因为头似乎在逻辑上位于颈关节的终点而非起点。

三、回应苏峻

苏峻老师对于第三章的讨论引发了我很多思考,讨论主要集中于两个互相关联的问题。一是我们究竟应该用对象模型还是应该用事件模型来思考和讨论运动与推动者问题;二是能动的推动者潜能的实现,是仅仅就被动潜能而言的,还是包括主动潜能的实现。

第一,苏峻似乎认为对象模型可以被用来更好地思考作为原因的"不动的推动者",因为按照"事件模式",似乎所有的推动者都必须经历什么,而经历什么算作变化或者运动,所以不可能有不动的推动者。苏峻认为如果我们从"对象的角度"去看待推动者,那么就算它的确经历了什么,我们也有可能将其看作不动的推动者。我自己的看法和苏峻有类似的地方,但我不同意将不动的推动者存在的可能性归因于视角的转换。我在第三章中的任务,恰恰在于区分出两种不同的推动者:能动的推动者在造成变化的时候自身也经受变化,不动的推动者在造成变化的时候自身并不经受变化。二者都置身于某个因果事件,但造成因果事件的都是其静止的性质,而非其动态性质,能动的推动者经历的变化并不表达其作为推动者的主动性,而是表达其作为被推动者的被动性。二者都造成变化,因此它们都置身于某个因果事件,我们之所以认为存在着不动的推动者,不是因为视角的转换(因为任何推动者都可能被当成"对象"来看待,但并不是任何推动者都是不动的推动者),而是因为在实际存在的层面，尽管二者都通过其静止的性质来造成变化，但是不动的推动者自身在相关方面是不可能被推动的。

第二，苏峻认为运动定义中的潜能的实现，不仅就被动潜能而言，也包括推动者的主动潜能的实现。苏峻认为必须区分两类事件，一类事件是"目的在外的活动"，另一类事件是"目的在内的活动"，而两类事件所牵涉到的"对象"，在第一类事件中是被动者，在第二类事件中是主动者，或者至少不是被动者。这类看法恰恰是我这个章节及我的整本书想要反驳的核心观点。在这里，受篇幅限制，我没有办法给我的每个断言以证据。[1]

我们在这里讨论的是运动定义及与运动定义相关的推动者。根据亚里士多德的理解，运动作为一个动词，总是被动语态，而不是中动态的（这是柏拉图的理解）。因此，当我们说"一个东西运动"的时候，我们实际上说的总是"一个东西被推动"，并且总是可以补充一个"被某某物"。这个某某物可以碰巧是这个东西本身，因而这个东西可能碰巧被它自身所推动，但亚里士多德在《物理学》VIII. 5 里排除了严格意义上的自我推动者的可能性，这是因为只有已经是 X 的东西才能够使还不是 X 的东西变成 X，而一个东西不可能在严格意义上既是 X 又是非 X，所以这个自我推动者必须有两个部分，其中一个部分已经是 X，另外一个部分还不是 X 但正在变成 X，因此它并不是一个严格意义上的自我推动者。因此，"目的在自身的活动"要么不存在，要么即使存在，也不是一个运动或者变化。我们是在改变地点的意义上将天体运动理解成一个运动的，即天体的确是从"还不在 A 点"变成了"在 A 点"，这的确是一个

---

[1] 也可以参见王纬，2021：99–108，文中有这个想法的简单版本。

变化或运动。天体运动仅仅就这一点而言，和沉思并不是一回事。并且，天体并不是在做自我运动，相反，我一直想论证的是，天体的运动是由外在于但接触到天体的不动的推动者造成的。因此至少就天体运动而言，我们有天体的不动的推动者、天体、天体的运动这三个相关项，其中天体的运动是属于天体的，是天体被作用而产生的性状。亚里士多德正是在这个意义上认为天体具有"位置质料"。这个例子在我看来，除了它的事件是持续和永恒的之外，和老师教学生的例子并没有什么不同：老师作为主动者在作为被动者的学生中造成了变化，老师借之以教学生的，并非任何运动意义上的活动，而是其完满的知识状态。

苏峻提到了《形而上学》IX.8 中的经典段落 1050a24—37，在其中亚里士多德说大多数情况下，运动是在被推动的东西那里，但是在没有最终产品的例子里，实现出现在主动者那里，例如看在看的人那里，思考在思考者那里。首先，就像我在前文提到的，这个段落里讨论的并不是运动和变化，而是实现对于潜能的在先关系，看和思考似乎都不应该被认为是一种变化。其次，学者们过于注重这一段落对于第八章的重要性，以及它对于亚里士多德整个理论的重要性。这些学者往往都有以柏拉图的方式中动态地理解亚里士多德的变化概念的倾向，而这是我在书中所着重反对的。

四、回应郑中华

郑中华的批评较为具体，关注到了第四章的关键问题。

其中第一个问题关涉到接触和推动之间的关系。我试图用《论生成与毁灭》第一卷第六章的一个段落说明，亚里士多德认为存在着单方面接触,而单方面接触可以作为一个普遍模式,来解释不动的推动者如何造成运动。郑中华通过文本分析试图说明:首先,亚里士多德在这个段落里似乎是在用推动来说明接触,因此在解释的先后顺序上,推动在先而接触在后;其次,亚里士多德在这个段落里似乎是在区分或者暗含着区分广义的"推动"和狭义的"造成质变",前者不一定需要接触,而后者一定需要接触;最后,亚里士多德在这个段落里举的导致我们痛苦的人的例子在多大程度上是一个字面意义上的例子,以及如果是这样,这个例子的可推广性到底如何?

我对第一个问题的回复如下。首先,在这个段落里并不存在对于广义的推动和狭义的质变的区分,这是因为郑中华所着重提出的句子 ἔστι μὲν ὡς τὰ κινοῦντα τῶν κινητῶν ἅπτοιτ' ἄν, ἔστι δ' ὡς οὔ 应该被翻译和理解为"在某种意义上推动者接触被推动者,在另外一种意义上它们不接触被推动者"。根据我的理解,"在另外一种意义上"指的是在互相接触的意义上。根据上下文,在这里,亚里士多德所要做的是区分两种不同的接触和不同的因果关系。[1] 如果二者之间有互相的使动—受动关系,则它们符合"互相接触"的定义,如果二者都具有位置且一个推动一个被推动,则二者符合广义的接触定义,而不符合狭义的"互相接触"定义。在这里,二者都必须至少符合前面所说的在几何意义上相接触,且在因果意义上有关系的先决条件,因而不存在郑中华所说的不需要在几何意义上接

---

[1] Ἐκεῖνο δ' οὖν φανερόν, ὅτι ἔστι μὲν ὡς τὰ κινοῦντα τῶν κινητῶν ἅπτοιτ' ἄν, ἔστι δ' ὡς οὔ. Ἀλλ' ὁ διορισμὸς τοῦ ἅπτεσθαι καθόλου μὲν ὁ τῶν θέσιν ἐχόντων καὶ τοῦ μὲν κινητικοῦ τοῦ δὲ κινητοῦ, πρὸς ἄλληλα δὲ κινητικοῦ καὶ κινητοῦ, ἐν οἷς ὑπάρχει τὸ ποιεῖ καὶ τὸ πάσχειν.

触的可能性。亚里士多德说"在另外一种意义上它们不接触被推动者"是指这段话着眼于不动的推动者,它们在更加狭义的"互相接触"的意义上,并不接触被它们推动的东西。

其次,郑中华认为亚里士多德在这个段落里是在用推动来说明接触,因此在解释的先后顺序上推动在先而接触在后,这一点是正确的。但是这个段落是说明性的,很多时候我们的确是在用存在意义上在后而解释意义上在先(即对我们来说显然)的东西去说明存在意义上在先而解释意义上在后(即对我们来说不显然)的东西。在我看来,接触恰恰比推动这一抽象的概念更具体,因而更可能被亚里士多德用作存在意义上在先的东西。他在这个段落及《论生成与毁灭》I.6 中讨论接触这一事实,也恰恰说明了这一点。

最后,亚里士多德在这个段落最后提到的例子[E.3],一方面是一个典型的单方面作用的例子:那个让我们难受的人自身并不必然会被我们所影响,这在我们的日常生活中经常见。另一方面,就像我在书中描述的,我认为这个例子可以在字面意义上被理解:"侮辱的恶意作为灵魂的活动首先单方面接触了侮辱者(施动者)的身体,接着它以话语的方式接触了被侮辱者(受动者)的身体及其灵魂。侮辱他人的人并不在其侮辱行为本身中受到侮辱,这也解释了为什么面对他人的侮辱,我们大多数普通人都有反过来侮辱对方的冲动。"(pp. 175–176)亚里士多德在这里再一次运用我们在日常生活中常见的现象去说明一个抽象的哲学道理。

郑中华提出的第二个问题是第一推动者如何推动最外层天球。首先,它究竟是什么、在哪里?其次,它如何既作为效力因,又作为目的因?首先,第一推动者要么是天球的位置(在如前所述的非严格意义上),要么作用点在天球上,至于推动者是整个球面,是赤道和黄道，还是仅仅作用点在天球上，其实没有那么重要，对于我的想法来说，重要之处在于推动者和天球是接触的，并且这个接触不是物体和物体之间的互相接触（推动者作为位置至少比天球少一个维度），这就足够了。其次，关于效力因和目的因的合一问题，这方面的研究汗牛充栋，能说清楚的东西都已经说清楚了，而不能说清楚的东西恐怕永远都无法说清楚。我想要着重指出的，就像郑中华也看到的，就是善不能隔空作用，必须通过接触发生。关于接触的普遍性，可以参考我在前文对第一个问题的回答。

郑中华提出的第三个问题是关于如何设想灵魂和身体之间的接触关系。首先我承认亚里士多德的确没有直接说"灵魂单方面接触身体"，但我不认为因为灵魂没有三维意义上的广延（μέγεθος），我们就无法设想灵魂和身体的接触。对于我想论证的结论来说，证明灵魂在身体里的一点，并且灵魂是在这一点向身体发号施令的，就足够了。这样，灵魂既不是如碗的形式那样附着于碗的一个抽象实体，也不是如柏拉图的理念那样不具有任何具体性和地点的实体。亚里士多德的灵魂在身体的中心，通过中介性的物质，向身体的各个器官发号施令。关于关节的例子，亚里士多德在《论动物的运动》第十章的使用可以说明他认同在第八章里关于关节动点和不动点的描述，而这对于我的立论来说就足够了，因为我想证明的并不是灵魂**就是**关节的不动点。灵魂没有三维广延只能证明灵魂和身体无法**互相接触**，然而《论生成与毁灭》I.6 明确告诉我们，存在着**单方面接触**。

总结一下。我提出的单方面接触原则是一个结构性的设想，我想论证的并不是不动的推动者是一个三维意义上的物体，推动着其所推动的东西，我想论证的是不动的推动者和其所推动的东西之间类似的、结构性的关系：第一，不动的推动者拥有地点，并且它们的地点和被它们所推动的东西的地点重合或相接触；第二，因为不动的推动者比被推动者少一到两个维度，所以前者不会被后者反向推动。我认为有足够的证据支持这两点，无论是对于天球的推动者来说，还是对于身体的推动者灵魂来说。

参考文献

王纬：《亚里士多德论运动和因果性——〈物理学〉第三卷中的两个"离题"文本》，《哲学研究》2021年第8期，第99—108页。

投稿指南

为何投稿

一、你的论文被《哲学评鉴》录用,不影响在其他学术期刊上发表——我们会充分尊重其他学术期刊的版权,等待你的论文在其他期刊正式发表后,再在线刊载你的论文,注明期刊发表信息。

二、《哲学评鉴》对论文字数不作要求,长短皆可,包括6 000字以下或12 000字以上的学术论文。

三、《哲学评鉴》平等对待一切投稿,包括本科生、硕士生的投稿。

四、无论你的论文是否被录用,你会获得同行在不知道你是谁的情况下对你论文的反馈——没有任何人情因素的反馈。

五、我们建议审稿人尽可能提供建设性反馈,有助于作者修改论文,或者有助于作者认识到最好放弃这篇论文。

六、如果你的论文被录用,我们不但会在线刊载你的论文,而且会刊载审稿人的审稿意见,让更多人了解同行如何积极地评价你的论文。我们也会在社交媒体进行转发,并在适合的情况下向他人推荐,使你的论文获得更大的可见度。此外,我们会定期从已发表的论文中匿名投票选出一些优秀论文,列入《优秀论文》栏目。

七、如果我们跟一些学术期刊合作，将推荐被录用的论文给这些期刊（最终由期刊编辑决定，同时尊重审稿人意见）。当然，如果你只打算在《哲学评鉴》发表，我们非常欢迎。

八、一旦你的论文被《哲学评鉴》录用，你将被列为《哲学评鉴》审稿人（如果你愿意）。

九、如果你的论文没有通过同行匿名评审，编辑和审稿人将永远不会知道你的身份，也保证不以任何形式盗用你的论文（请保留邮件投稿记录以及我们的收稿确认信）。

匿名评审

为尽可能避免学术发表中的偏见和人情，《哲学评鉴》实行三盲审稿制——在论文录用之前，责任编辑和审稿人都不会知道作者身份，作者也不会知道审稿人身份（《哲学评鉴》会尽量扩大审稿人范围）。如果论文被拒，责任编辑和审稿人永远不会知道作者身份。此外，我们将尽可能邀请同一小领域专家审稿，避免外行评审内行的论文。参见作者指南和审稿流程。

我们意识到同行匿名评审制度有一些弊端〔比如一些原创性很高的好论文未必得到审稿人的赏识，但这属于英文说的 human error（人因失误），任何审稿制度都会有这个问题〕，但与外行评审、非匿名评审相比，《哲学评鉴》更认可同行匿名评审。

作者指南

《哲学评鉴》自 2022 年 4 月起采用新的投稿系统：https://easychair.org/cfp/cpr2022。如果不熟悉此系统，可参考评鉴网站的投稿指南（见 https://chinesephilreview.org/easychair_for_cpr_

authors.pdf）。

一、限于人力，同一个作者一年内最多可以给《哲学评鉴》投稿四次。但如果您的投稿正在评审过程中，请暂时不要再投稿；《哲学评鉴》一次只接受一篇投稿（请从 easychair 系统投稿）。投稿人在投稿时应提供匿名化处理的投稿论文，建议宋体、五号、1.2 倍行距，方便审稿人阅读，参考文献需在文末单独列出。

二、在投稿之前，确保论文适合盲审：没有部分或完整地公开发表过（可以是在投某官方期刊或被录用但尚不会在 3 个月内刊出），没有在文中透露或暗示任何身份信息（包括暗示自己是教授、留学生，在著名期刊发表过论文，等等）。

三、在投稿之前，确保论文符合学术论文的基本风格和格式。《哲学评鉴》只考虑研究性论文（research articles）和讨论（discussion notes）的投稿。综述和书评暂时只接受邀请稿（如果作者自荐，可先发个人简历给协调人）。论文领域不限，摘要不超过 500 字，关键词 3—5 个。关于参考文献，投稿时任何常见的格式（比如 MLA）都可以。录用后需要换成本刊要求的格式。关于字数，《哲学评鉴》不作要求，但建议在论题和论证需要的前提下尽可能精简。同时需要注意，文章越长，编委和审稿人对其学术重要性的相应期待和要求也就越高。

四、在录用之前，请作者与编辑助理联系一切稿件相关事宜，不要与责任编辑直接联系，以尽可能避免责任编辑带着偏见处理稿件。

五、收到审稿意见后，如果作者觉得审稿人对自己的论文有粗暴的误解，可逐条详细反驳。如果责任编辑觉得反驳合理，将找第三个审稿人评审。如果作者对第三个审稿人的审稿意见仍然不满，责任编辑将遵循国际学术期刊审稿惯例，不再处理，请理解。(注：作者觉得审稿人没有读懂论文，是常见现象。这不一定意味着审稿人对论文有误解，也可能是因为作者表述不清楚，或表述虽然清楚，但没有准确地表达自己想要表达的意思。)

六、如果作者在投稿后 48 小时内没有收到投稿确认信，或者在投稿 10 个工作日内没有收到初审决定，或者在收到确认信后 70 天（涵盖初审 + 外审）内没有收到编辑部决定，请及时邮件联系编辑助理。如果编辑助理在 24 小时内没有回复，请直接联系协调人。

七、录用之后，请作者按照《哲学评鉴》要求对论文进行校对。

八、以上几条适用于《哲学评鉴》所有编辑和审稿人。责任编辑（每个编辑每次轮值 4 个月，一年才会轮值一次）在轮值时不得投稿，不能以任何方式处理自己的稿子（每篇录用的稿子都会注明责任编辑的姓名，以防止编辑刊发自己的论文）。

审稿流程

一、收稿后，编辑助理需要在 48 小时内做两件事：a. 如果稿件没有匿名，发回请作者重新处理；b. 确认稿件匿名后，编辑助理将带编号的稿子发给责任编辑。

二、责任编辑收稿后进行初审。初审时必须回避知道作者身份的稿子，改由另一个责任编辑处理。稿件如未通过初审，责任编辑需要简单说明退稿理由，发给编辑助理，由编辑助理转发给作者。

三、通过初审后，责任编辑将找到两个论文相关领域的审稿人进行审稿。如果审稿人知道作者身份，必须拒绝审稿。

四、外审的审稿期限为 2 个月。第 55 天，责任编辑会向审稿人发送提醒。有时候审稿人可能需要更长时间。在这种情况下，审稿人需要在截止日期之前告知编辑。

五、审稿结束后，审稿人向责任编辑提交审稿意见，并做出个人建议：录用、有条件录用、小修、大修、拒稿。《哲学评鉴》建议审稿人即使认为论文达不到发表要求，也要尽可能向作者提供如何改进论文的建议（这会有助于年轻的作者）。如果建议录用，审稿人需要简单解释为什么如此建议（主要是说明这篇论文的风格优点和实质贡献）。这个解释将随论文一起发表（审稿人自己决定是否实名发表审稿意见）。

六、责任编辑根据审稿意见做出决定（录用、有条件录用、小修、大修、拒稿），并告知编辑助理。编辑助理转告作者。

图书在版编目(CIP)数据

哲学评鉴. 第二辑,证据、视角和模态 /《哲学评鉴》编辑委员会编. — 上海：上海社会科学院出版社，2024
ISBN 978-7-5520-4257-3

Ⅰ.①哲… Ⅱ.①哲… Ⅲ.①哲学—研究 Ⅳ.①B0

中国国家版本馆 CIP 数据核字(2023)第 207399 号

哲学评鉴(第二辑)：证据、视角和模态

编　　者：《哲学评鉴》编辑委员会
责任编辑：包纯睿
封面设计：周清华
出版发行：上海社会科学院出版社
　　　　　上海顺昌路 622 号　邮编 200025
　　　　　电话总机 021-63315947　销售热线 021-53063735
　　　　　http://www.sassp.cn　E-mail:sassp@sassp.cn
照　　排：南京理工出版信息技术有限公司
印　　刷：上海新文印刷厂有限公司
开　　本：890 毫米×1240 毫米　1/32
印　　张：7.75
字　　数：182 千
版　　次：2024 年 1 月第 1 版　2024 年 1 月第 1 次印刷

ISBN 978-7-5520-4257-3/B·339　　　　　定价:58.00 元

版权所有　翻印必究